太原科技大学1331工程重点马克思主义学院建设研究项目
"太原科技大学博士科研启动基金"项目（W20182012）资助

西方左翼
资本主义观评析

谭桂娟 □ 著

A Study of Western Left-wing
Views of Capitalism

知识产权出版社
全国百佳图书出版单位
—北京—

图书在版编目（CIP）数据

西方左翼资本主义观评析/谭桂娟著. —北京：知识产权出版社，2021.5

ISBN 978 - 7 - 5130 - 7477 - 3

Ⅰ.①西… Ⅱ.①谭… Ⅲ.①资本主义—研究—西方国家 Ⅳ.①D091.5

中国版本图书馆 CIP 数据核字（2021）第 059690 号

责任编辑：国晓健　冯　彤　　　　责任校对：谷　洋

封面设计：臧　磊　　　　　　　　责任印制：孙婷婷

西方左翼资本主义观评析

谭桂娟　著

出版发行：	知识产权出版社 有限责任公司	网　　址：	http：//www.ipph.cn
社　　址：	北京市海淀区气象路 50 号院	邮　　编：	100081
责编电话：	010 - 82000860 转 8385	责编邮箱：	guoxiaojian@cnipr.com
发行电话：	010 - 82000860 转 8101/8102	发行传真：	010 - 82000893/82005070/82000270
印　　刷：	北京九州迅驰传媒文化有限公司	经　　销：	各大网上书店、新华书店及相关专业书店
开　　本：	787mm×1092mm　1/16	印　　张：	11.75
版　　次：	2021 年 5 月第 1 版	印　　次：	2021 年 5 月第 1 次印刷
字　　数：	200 千字	定　　价：	68.00 元

ISBN 978 - 7 - 5130 - 7477 - 3

前　言

　　2008 年，资本主义世界爆发了严重的金融危机和经济危机。危机给全世界造成了巨大的影响和冲击，折射出资本主义制度本身的问题，表明新自由主义作为一种意识形态已经破产，引发了规模空前的反资本主义的群众运动。与此同时，民众被程序化地排斥于经济活动和政治参与之外，抵制、反抗和寻求解放的意识增强。问题是，反资本主义的群众斗争往何处去？资本主义还有没有前途？在此背景之下，共产主义观念以其自身具有的巨大潜力和吸引力重新激发了当代左翼知识分子的热情，他们认为资本主义已经走到了尽头，同时也积极寻找替代资本主义的新社会形式，共产主义再次成为被关注的焦点。

　　在齐泽克的倡导下，左翼激进知识分子多次集会，持续讨论共产主义观念。到目前为止，规模较大的国际讨论会先后在英国、德国、美国、韩国召开了四次，除此之外，还有几次相关主题的小型学术讨论会。会议前后出版和发表了一系列具有代表性的专著和学术论文。不仅如此，关于共产主义观念的讨论一直在持续。

　　这样，一场以反思资本主义金融危机及由其引发的群众抵抗运动为内容，以寻求资本主义的替代者为目标，以共产主义为主题，以巴迪欧和齐泽克为旗手的"新共产主义"逐步形成。"新共产主义"的理论诉求，一是为资本主义寻求替代者，二是为共产主义"正名"。"新共产主义"作为激进左翼的政治哲学，标志着共产主义观念在资本主义世界的回归。国内外学者把以齐泽克和巴迪欧为代表的，将"回到共产主义""共产主义复兴"作为核心主张的左翼

1

理论家们关于共产主义的论述、讨论和争论称为"新共产主义"。

关于共产主义是什么，一部分学者认为，共产主义是一种战略性的假设，其中有人认为共产主义假设是一种哲学假设，有人认为共产主义假设是一种政治假设，应该致力于哲学和政治的分离，让政治返回到政治本身。一部分学者认为，共产主义是具有现实性的批判性观念，是变革资本主义的现实运动，应在理论与现实间思考共产主义。共产主义把反对资本主义和替代资本主义合二为一，即共产主义不是对资本主义的简单否定，也不仅仅是给社会运动提供政治愿景，而是要对资本主义进行历史性变革。共产主义现实性与共产主义观念并不是绝对对立的，共产主义观念内在地包含了现实性的可能性和潜在性，现实性体现了共产主义观念的力量。而另一部分学者更注重对共产主义实践性的思考，提出共产主义视域的观点，指出共产主义视域是定位方向和道路的分界线，是共产主义和资本主义区分的政治标志，是理论见之于实践的解放运动。

对当代资本主义的批判是"新共产主义"的核心思想。"新共产主义"对当代资本主义进行了批判性反思，他们以当代资本主义社会矛盾为依据，阐述了共产主义的潜在轮廓。"新共产主义"还对当代资本主义的性质和特点进行了阐述，提出诸如当代资本主义是"债务资本主义""租金资本主义""交往资本主义"等的观点。这些论述对人们认识当代资本主义的本质和特征具有一定意义。

共产主义的实践主体，是一个依靠什么人来实现共产主义的问题。巴迪欧强调，要在将个体纳入主体的动态过程中来理解共产主义的主体；弗兰克·鲁达认为，主体必须有集体事业的观念，即必须有共产主义观念；洛瓦特则认为，主体必须有革命性，即作为革命主体进行共产主义实践。"新共产主义"的代表人物还提出了诸如"我们是99%""工薪资产阶级""尿溺""非全"以及"平民"的概念，将其作为新社会运动的主体力量。与此同时，伴随着新社会运动的兴起，群众的组织问题也被提上议事日程，政党问题则不可避免地再次被提起。左翼理论家们认为政党是忠于事件的灵活组织，是激进共产主义的主体性组织，也是团结而激进的国际组织。

关于人类社会的未来，"新共产主义"者纷纷将目光投向共产主义，并将其作为资本主义的替代者。那么共产主义如何取代资本主义呢？即动力何在？他们提供了三个方面的答案：一是大众渴望的动力。这是实现共产主义的内在动力，主体的渴望和热情在实现共产主义的过程中起着重要的激励作用。然而，主体的渴望和热情往往是自发产生的，仅仅作为阶级意识的萌芽存在并生长。二是阶级意识的动力。实现共产主义，阶级意识的形成起着至关重要的作用。要实现人民群众整体的自我解放，首先需要唤醒群众的阶级意识，培养群众集体行动的能力。三是理论见之于实践的动力。共产主义的实现要依靠基于草根层次上的集体行动的力量。共产主义理论只有见诸实践，才有实现的可能。

"新共产主义"提出并阐释了一些重要观点，如关于当代资本主义是"债务资本主义""租金资本主义""交往资本主义"等观点，有助于我们深化对当代资本主义的认识；他们提出的"我们是99%""工薪资产阶级""尿溺""非全"等关于共产主义实践主体的概念对我们具有启示作用。但他们的缺陷也很明显，如关于共产主义的现实性问题，只是强调要在理论和现实之间思考共产主义，就是最具现实意义的共产主义视域理论也让人感觉共产主义可望而不可即。因此，他们提出的关于共产主义的方案还不令人满意。但是，能在世界共产主义运动处于低谷时重提这一话题，本身意义就十分重大。实现共产主义，我们还是要坚持马克思主义的共产主义理论，因为只有马克思主义的共产主义才是人类通向未来的现实之路。

目　录

导　论

　　2008 年以来，一场以反思资本主义金融危机及由其引发的群众抵抗运动为内容，以寻求资本主义替代者为目标，以共产主义为主题，以法国哲学家阿兰·巴迪欧❶和斯洛文尼亚哲学家斯拉沃热·齐泽克等当代最有影响力的左翼激进知识分子为旗手的"新共产主义"逐步形成。"新共产主义"的理论诉求，一是为资本主义寻求替代者，二是为共产主义"正名"。"新共产主义"作为激进左翼的政治哲学，标志着共产主义观念在资本主义世界的回归。

　　"新共产主义"作为一种抵抗的政治学，作为激进政治的标志性符号，成为当代西方政治学新的开端。"新共产主义"是近年来西方左翼持续讨论的话题，备受中外学界关注。这是当代西方资本主义社会出现的新事物、新情况，我们要加强译介，深入研究，弄清其思想观点，揭示其本质，对其进行批判分析。

---

　　❶ Alain Badio（1937—　　），中译名包括阿兰·巴迪欧、阿兰·巴迪乌和阿兰·巴丢，本书译为阿兰·巴迪欧。

0.1 选题背景与意义

0.1.1 选题背景

2008 年，资本主义世界爆发了严重的金融危机和经济危机并引发了规模空前的反资本主义的群众运动。在这种情况下，经济危机发展成政治危机，民众逐渐疏离资本主义意识形态。与此同时，民众被程序化地排斥于经济活动和政治参与之外，抵制、反抗和寻求解放的意识增强。历史的回归导致了新一轮激进思想和政治的兴趣，但问题是，反资本主义的群众斗争往何处去？这就要求寻找替代资本主义的新社会形式。在此背景之下，共产主义观念以其自身具有的巨大潜力和吸引力重新激发了当代左翼知识分子的热情。左翼激进知识分子多次集会，持续讨论共产主义观念。

2008 年，阿兰·巴迪欧出版了《共产主义假设》一书，试图使今天的政治焦点重返共产主义主题，并宣称"'共产主义'一词能够而且必须重获积极的价值"。❶ 这引起了西方理论界的广泛争论。为了回应这一事件，在斯拉沃热·齐泽克的倡导下，2009 年 3 月，西方左翼主要政治哲学家代表人物巴迪欧、齐泽克，美国杜克大学文学系教授迈克尔·哈特，意大利马克思主义者托尼·奈格里，意大利哲学家加尼·瓦蒂莫，博洛尼亚大学教授和前马克思主义者阿列桑德罗·鲁索和在欧洲研究学院任职的诗学教授朱迪斯·巴尔索，还有伦敦金史密斯学院社会学系讲师阿尔伯特·托斯卡诺和文学批判家、散文家特里·伊格尔顿及美国康奈尔大学教授、《变音符号》❷ 杂志主编布鲁诺·波斯

---

❶ Alain Badio, *Communism Hypothesis*, London and New York: Verso, 2010, p. 37.
❷ 《变音符号》成立于 1971 年，为反思人文学科的目的和方法提供了一个论坛。

蒂尔等人，在英国伦敦伯克贝克学院人文学系举办了以"共产主义观念"为主题、有一千多人参加、三易会场的国际学术会议。伦敦会议有两个重要的亮点。首先，这次会议是质疑资本主义统治秩序的当代哲学家们的集体亮相。与会者一致同意："共产主义"这个词，现在可以而且必须重获积极的价值。其次，哲学家和观众对"共产主义"这个词表现出很大的分享热情。与会者的热情反映出共产主义本身蕴含的巨大潜力和吸引力。会后，于 2010 年出版了会议论文集《共产主义观念》，汇集了他们讨论共产主义观念的哲学和政治含义。❶

2010 年 6 月 25 日至 27 日，在德国柏林人民剧院召开了主题为"共产主义观念：哲学和艺术"的讨论会，这是第二届。柏林会议论文集为《共产主义观念Ⅱ》。❷

2011 年 10 月 14 日至 16 日，巴迪欧、齐泽克等人又在纽约库伯联盟学院举行了以"共产主义：一个新开始"为主题的国际研讨会，继续进行这种批判性的讨论，在金融和社会动荡的世界里凸显共产主义观念的哲学和政治的重要性。会后于 2013 年出版了由齐泽克编辑的会议论文集《共产主义观念 2》，该卷汇集了他们关于共产主义观念的哲学和政治含义的讨论，突出了其持续性的意义。

2013 年 9 月 24 日至 10 月 2 日，齐泽克、巴迪欧以及中国的汪晖等人又在韩国首尔庆熙大学召开了为期九天的第四届"共产主义观念"学术会议。这次会议之所以选在首尔举行，是由于亚洲在全球资本主义中一直扮演着重要角色。在齐泽克和巴迪欧看来，首尔不再仅仅是一个普通的韩国城市，而是引起世界最具影响力的思想家和当代左翼理论家强烈兴趣的地方。❸

除以上四次规模较大的国际讨论会外，还有几次相关主题的小型学术讨论会，如 2010 年 1 月由丹尼尔·本赛德在巴黎组织的主题为"共产主义力量：共

---

❶ 《国外马克思主义研究报告 2013》，北京：人民出版社 2013 年版，第 335 - 336 页。

❷ 柏林会议论文集是从纽约会议论文集 The Idea of Communism 2 中第 23 页的表述中获知，但此论文集笔者并未找到。

❸ Huw Lemmey, "The Idea of Communism in South Korea", 9/20/2013, http://www.versobooks. com/blogs/1400 - the - idea - of - communism - in - south - korea.

产主义在今天是个什么名字"的学术讨论会。这次会议的参加者有很多都参加过伦敦大会，其中的知名人物包括安东尼奥·奈格里、法国哲学家雅克·朗西埃、阿尔伯特·托斯卡诺和齐泽克，其他的发言者还包括法国著名哲学家、马克思主义理论家艾蒂安·巴里巴尔，英国约克大学政治系教授阿列克斯·卡利尼科斯和法国马克思恩格斯著作法文版编译工程（GEME）负责人伊莎贝尔·伽罗。尽管是出于好意，但这些人都公开批判了巴迪欧的原创性观点。这次会议的一些文章可以在法国哲学家雅克·比岱为《今日马克思》杂志所编辑的一期名为《共产主义》的专辑上看到。❶ 2013 年 1 月，在巴黎召开了"希腊症状：债务、危机和左翼危机"讨论会，左翼思想家结合当时形势对共产主义观念及其激进政治策略进行了探讨。❷ 2013 年 11 月 2 日，波斯蒂尔和美国霍巴特和威廉姆史密斯学院政治学教授、批判理论家乔蒂·狄恩等人又在美国康奈尔大学举办了关于"共产主义潮流"的小型研讨会。会议由人文社科系主办，政府学系、历史学系和法国研究项目协办。乔蒂·狄恩致欢迎词，波斯蒂尔做总结发言。康奈尔大学政治理论教授安娜·玛丽·史密斯、加州大学戴维斯分校教授和评论家约书亚·克洛弗、美国德雷克塞尔大学政治和全球研究学院副教授乔治·卡卡里洛－马赫、加州大学政治学教授詹姆斯·马特尔、马萨诸塞大学的乔丹·娜罗森博格、加拿大麦吉尔大学的批判理论家加文·沃克、阿尔伯特·托斯卡诺以及艺术中心设计学院的杰森·E. 史密斯在会上发了言。与会者在一系列问题上提出激进的干预措施，从委内瑞拉治理到金砖国家，言论引起轰动。❸

除了学术会议之外，会议前后出版和发表了系列具有代表性的专著和学术论文，如阿兰·巴迪欧的《共产主义假设》、波斯蒂尔的《共产主义现实性》、乔蒂·狄恩的《共产主义视域》、德国哲学家鲍里斯·格罗伊斯的《共产主义附录》以及加文·沃克对《共产主义假设》、乔蒂·狄恩对《共产主义现实

❶ Bruno Bosteels, *The Actuality of Communism*, London and New York：Verso，2011，p. 3.

❷《国外马克思主义研究报告 2014》，北京：人民出版社 2015 年版，第 26－27 页。

❸ Marianna Reis，"Communist Currents Symposium at Cornell University"，24 October 2013，http：//www. versobooks. com/blogs/1431－communist－currents－symposium－at－cornell－university.

性》、美国评论家约瑟夫·G. 拉姆齐对《共产主义视域》的书评等，标志着"新共产主义"的兴起。"新共产主义"引起了国内外学者的广泛关注和评论。伦敦"共产主义观念"大会就受到各大媒体的普遍关注，不仅国外各大学术门户网站争相报道，甚至连《金融时报》都发了长篇评论。

关于共产主义观念的讨论一直在持续。2015 年以来，围绕这一主题至少已经发生三件值得关注的事件：一是 2015 年 5 月 11 日英文版《哲学与共产主义的观念——阿兰·巴迪欧与彼得·恩格尔曼❶的对话》一书由政治出版社（Polity Press）出版。❷ 二是《重思马克思主义》杂志 2015 年第 27 卷第 3 期发表了以"打造共产主义"为主题的系列专题论文。这些论文都是围绕在 2013 年《重思马克思主义》的国际庆典大会上乔蒂·狄恩和澳大利亚西悉尼大学文化与社会研究所高级研究员、《重思马克思主义》编辑斯蒂芬·希利之间的充分讨论进行的评论与回应。在这些评论之后，希利和狄恩相互回应，并对评论者做了回应。❸ 三是 2016 年 6 月 Verso 出版社❹出版了由庆熙大学文化研究院副教授李

❶　德国哲学家，著名的帕萨根·弗拉格（Passagen Verlag）出版社的总编。

❷　该书原文为德文版。2012 年 3 月 23～24 日彼得·恩格尔曼在德国与巴迪欧进行了一场备受关注的关于马克思主义哲学与共产主义的对话，这次对话最后以《哲学与共产主义的观念》为名在恩格尔曼自己的出版社出版。见蓝江：三种马克思与共产主义——浅论巴迪欧《哲学与共产主义的观念》对马克思思想的解读，《常熟理工学院学报（哲学社会科学版）》，2015 年第 5 期。

❸　这一主题源于 2013 年 9 月在美国马萨诸塞大学艾默斯特分校举行的以"过剩、团结和充分性"为主题的《重思马克思主义》的国际庆典大会上，乔蒂·狄恩和斯蒂芬·希利之间的充分讨论。本期发表的论文就是布恩·希尔代表《重思马克思主义》编辑部邀请狄恩和希利出版他们的演讲以及几个评论员对他们演讲的评论和回应。在这些评论之后，希利和狄恩相互回应，并对评论者做出了回应。这些论文包括：乔蒂·狄恩的《政党与共产主义团结》（332 - 342）；斯蒂芬·希利的《作为一种生活方式的共产主义》（343 - 356）；安贾恩·查克雷巴蒂和阿努普·达尔的《共产主义视域之前的问题》（357 - 359）；叶海亚·M. 马德拉和杰伦·厄兹塞尔楚克的《政党与后资本主义：一次错过的邂逅？》（360 - 363）；伊桑·米勒的《反资本主义还是后资本主义？二者皆是!》（364 - 367）；贾斯汀·赫利波洛伊的《共产主义的多元性》（368 - 370）；奥纳·莫罗和克莱尔·布拉特的《共产主义的生成超越资本主义》（371 - 374）；吉姆·伊戈的《"没有保障"的共产主义》（375 - 377）；佩姆·戴维森·巴克的《白人、共产主义和可能性》（378 - 380）；约瑟夫·G. 拉姆齐的《如何看待共产党？》（381 - 384）；以及作为再回应的斯蒂芬·希利的《拙劣的模仿，政党、政治和后资本主义：关于共享未来的一些思考》（385 - 395）和狄恩的《红、黑和绿》（396 - 404），见 Rethinking Marxism，Vol. 27，No. 3.

❹　Verso 是《新左派评论》（New Left Review）旗下的出版机构，是英语国家最大的、独立的、激进的出版社，每年出版一百来书。阿兰·巴迪欧的《共产主义假设》、布鲁诺·波塞蒂尔的《共产主义现实性》、乔蒂·狄恩的《共产主义视域》、鲍里斯·格罗伊斯的《共产主义附录》就是 Verso 出版社出版的。见 http：//www. versobooks. com/pg/about - verso.

光泽和斯拉沃热·齐泽克编辑的《共产主义观念3》，该书是2013年韩国首尔庆熙大学召开的第四届"共产主义观念"学术会议论文集。❶

以上三个事件中，特别值得注意的是第二个事件中学者们围绕"新共产主义"发表的观点。现将主要观点综述如下。

在这次研讨会上，乔蒂·狄恩首先介绍了《政党与共产主义团结》这篇论文，该论文的主要内容是对共产主义政党进行反思，并对左翼未能应对2008年经济危机做出了回应。正当资本主义不平等、紧缩和私有化不断加剧之际，狄恩与左翼展开了争论。左翼认为，政党作为一个斗争组织是政治行动过时的形式，应该用微观实践替换政党，因为这种微观实践可以创造后资本主义经济的替代形式。狄恩在《共产主义视域》一书中扩展了这一主题，认为这种实践如果不与军事组织相结合，将反对资本主义的政治活动去政治化，以生活方式的选择取代争取政治权力的团结和斗争，就会被吸收进交往资本主义。

狄恩认为，战胜资本主义需要工人阶级组织一个政党。作为一个团结一致和志愿加入的政治联盟，党超越工作场所、行业、地区和国家，形成政治认同，凝聚思想共识，汇聚争取政治权力的力量。她表明，这样一个政党可以摆脱激进左翼政党普遍面临的困境，建立一个不同于资本主义意识形态话语权的全新领域。但是考虑到左翼缺乏团结，狄恩认为，一个政党的形成必须具有持续解决导致分歧、猜疑和背叛的种族歧视、性别歧视等问题的能力。最后，狄恩认为，如果反资本主义的左翼想通过用生产和分配的无剥削的制度取代资本主义来改变世界，它必须解决党的形式问题。

狄恩的"共产主义视域"概念是斯蒂芬·希利在其《作为一种生活方式的共产主义》中反思的焦点。在《作为一种生活方式的共产主义》一书中，作者认为，共产主义政治的形成需要具备解决资本主义产生的经济和生态不确

❶ Alex Taek – Gwang Lee and Slavoj Žižek, "The Idea of Communism 3：The Seoul Conference", http：//www.versobooks.com/books/2126 – the – idea – of – communism – 3.

定性的问题的条件。全球就业形势变得越来越不稳定。人类作为一个物种，生活在全球大气中二氧化碳浓度持续升高的环境下，食品不安全问题不断增长，在这些条件下，希利认为，作为一个共产主义者，应该坚持反对资本主义经济体系，因为资本主义经济体系排斥多数人，损毁公海、大气、生物圈和岩石圈等自然资源。这样，对希利来说，共产主义视域需要放弃资本主义存在模式，并接受共产主义模式——少一些竞争、多一些合作，少一些过度、多一些充足的模式。希利论述了如何识别资本主义关系的内部差异，并且提出如何抓住机会来发展非资本主义企业，这使后资本主义视域变得清楚，为共产主义替代资本主义并采取集体的政治行动提供了理论依据。关于社区集体经济的协同工作模式，希利在全球范围内记载了几个局部方案，已经实现了公有和集体的生产方式、资源管理和投资，作为创建新的存在模式的合作试验。共产主义的发展可以通过经济共同体的形成和发展，促使经济活动越来越超出某一国家和地区的范围而相互联系、相互依赖。希利认为，关键是建立一种新的生活方式，为资本主义及其固有矛盾提供一个替代者。

在回应狄恩和希利的交流中，《重思马克思主义》的编辑安贾恩·查克雷巴蒂和阿努普·达尔在《共产主义视域之前的问题》一文中评论了狄恩和希利各自对拉康的引用，指出共产主义视域作为"存在于公共中"（Being‐in‐common）的偶然和应急的概念，与拉康的"实在界"（the Real）概念密切相关。安贾恩·查克雷巴蒂和阿努普·达尔指出，在狄恩和希利交流中的"存在于公共中"的政治，将改革的不同概念——政治和社会纳入重点，具有限制性和可能性。安贾恩·查克雷巴蒂和阿努普·达尔建议，用政治、社会和自我层面的改革的讨论来扩大共产主义视域的对话。

安贾恩·查克雷巴蒂和阿努普·达尔提到的这些可能性的存在，以后还要继续讨论。在《政党与后资本主义：一次错过的邂逅?》中，《重思马克思主义》的编辑叶海亚·M.马德拉和杰伦·厄兹塞尔楚克认为，乔蒂·狄恩把后资本主义政治主观地理解为去政治化的区域主义和生活方式的选择，造成了形成政党和发展经济共同体的计划之间的虚假对立。马德拉和厄兹塞尔楚克认为，后资本主义经济共同体的发展是一种未来社会的形态，是创造共同的生活方式，同时创造政治斗争和政党的必要条件。从这个意义上讲，对马德拉和厄兹塞尔楚克而言，阶级斗争是超越经济的政治斗争。

与马德拉和厄兹塞尔楚克的立场相似，美国团结经济网络创办人、加州大学计算机科学教授伊桑·米勒在《反资本主义还是后资本主义？二者皆是!》中认为，反资本主义的革命政党和后资本主义公共实践的发展提供了一个错误的选择，也许是一个陷阱。米勒认为，反资本主义和后资本主义在斗争中可以互相增强动力来发展集体生活的新模式，无数反资本主义和后资本主义实践的自觉性和有组织性，可以使彼此越来越可行、有效和持久。

我们注意到确实存在这些替代模式的鲜活例子，因为它们正在世界的不同区域形成，包括欧洲。在《共产主义的多元性》中，美国马萨诸塞大学阿默斯特分校人类学研究生贾斯汀·赫利波洛伊关注西班牙的 15 - M 运动或愤怒者运动。2011 年西班牙抗议事件又称 15 - M 运动，即西班牙语 Movimiento 15 - M；而愤怒者运动是指一系列在西班牙进行的抗议示威活动。该事件开始于 2011 年 5 月 15 日，西班牙的 58 个城市要求对西班牙政治进行革命，抗议者认为自己无法被任何传统政党所代表。在 2008 年金融危机的余波中，建筑物的占领——从公寓和未完成的图书馆到以前的银行办公室——在全国扩散。正如赫利波洛伊指出的，虽然占领是相对短暂的，但他们为新举措和集体主义的成长创造了空间，如合作网络和社区集会。反对资本主义的"我们可以党"（Podemos）❶ 从愤怒者运动中脱颖而出，在 2014 年欧洲议会选举投票中赢得了 8% 的国民票数。

非资本主义可能性的主题仍在美国克拉克大学地理学博士生奥纳·莫罗和马萨诸塞大学政治科学系教授克莱尔·布拉特的《共产主义的生成超越资本主义》中继续。作者同意狄恩把共产主义定义为自愿合作的发展，但不同意

---

❶ 西班牙社会民主力量党，极左政党，反通缩政策。

她呼吁建立一个共产党。从吉布森·格雷厄姆❶的多元化经济的角度来看，莫罗和布拉特指向集体企业和项目的不同例子，如城市宅地中自愿合作已经融入人们的日常实践。他们认为，这种实践不仅代表了创造和培育共产主义习惯和渴望的前塑政治❷（未济政治❸），也将合作关系付诸实践。他们质疑，既然一个没有资本主义的世界是必然的，为什么狄恩还认为政党是发展自愿合作的必要的工具呢？

美国弗吉尼亚大学人类学家吉姆·伊戈在题为《"没有保障"的共产主义》的评论中指出，他同意狄恩的见解，为了更有效地解放社会，应该去做更多的工作。积极地朝这个方向前进，将培育不同于资本主义生产、消费和沟通方式的新方式，而所有这些资本主义的方式让我们彼此疏远。

美国人类学和社会学副教授佩姆·戴维森·巴克在《白人、共产主义和可能性》中指出，政治变革几乎总是源于下层阶级。在这之后，她提出问题，即共产党或社区经济政治怎么会为了消除资本主义而去消除白人特权？

作为狄恩核心思想的共产党的观念是由约瑟夫·G. 拉姆齐在《如何看待共产党？》中收录的，论文提出了"'共产主义政党'的实际需要"的问题。拉姆齐指出，为了把"政党"概念化为政治实践（存在、行动和组织）的方法，"政党"可以被作为一个动词而非名词加以理解。拉姆齐提出了这样一个问题，即这个方法如何能在现存组织和互联网中被付诸实践，并且跨越政治空间？他认为，这样的问题是必要的，特别是对一个拥有物质力量来吸引群众的具有潜力的政党。

在关于他们交流的这些评论之后，希利和狄恩相互回应，并对评论者做出回应。在《拙劣的模仿，政党、政治和后资本主义：关于共享未来的一些思考》中，希利提请注意，狄恩在她最初的会议演讲中使用的一些幻灯片存在

---

❶ J. K. Gibson - Graham 是女权主义经济地理学家朱莉·格雷厄姆和凯瑟琳·吉布森的共享笔名。朱莉·格雷厄姆于 2010 年去世，凯瑟琳·吉布森是西悉尼大学文化和社会研究所教授。

❷ 指以未来为目标的政治。

❸ 未济政治与既济政治相对，表示政治发展无穷无尽，永远没有终止。

模仿的嫌疑，其中包括幻灯片中一张穿着印有"如果你养鸡，高盛集团（Goldman Sachs）不在乎"字样 T 恤的三人照片。希利说，这代表了替代食品运动的后资本主义政治的出局。希利暗示，狄恩的模仿可能会错过一个使公有制经济集体政治化的机会。希利将开始关注在共产主义视域概念中与生活方式的选择相对而言的政治构成问题。希利认为，将政治与大众政治运动等同可能表明当前左翼政治的非政治化状态。希利并不认为左翼政治的当前状态是非政治化的。

相比之下，对狄恩而言，正如她在《红、黑和绿》中清楚表达的，正是倡导发挥个人力量的微观政治学让她呼吁政党的回归。在回应中，她重申，一个有效的反对资本主义的政治需要面对建设和行使政治权力的问题。她把党的形成设想为一个来自共产主义者、反种族主义者和气候/环保运动相结合的集体力量。她认为，如果希腊和西班牙可以形成激进左翼的政党，那么北美也会。

综上所述，学者们主要围绕狄恩关于政党的观点、狄恩的"共产主义视域"概念展开讨论，都从现存资本主义模式的可能替代物的维度提出问题。"共产主义视域"一直是马克思主义的历史构想的一部分，随着经济和社会危机显露在人们周围，人们没有喘息的机会，对共产主义的追求已经变得更加明显和更加紧迫。

0.1.2　选题意义

以往左翼理论家大多以忧郁的方式对资本主义进行有限的抵抗，主要局限在艺术及文化研究领域。"新共产主义"在一定程度上克服了传统左翼的忧郁，对后资本主义人类社会的未来走向进行了积极探索，因而具有重要的理论意义和实践价值。

第一，对于我们坚定共产主义理想信念具有重要意义。共产主义是马克思、恩格斯在揭示资本主义内在矛盾和社会发展一般规律基础上创立的科学理论。共产主义理想信念是共产党人的政治灵魂和精神支柱。然而近年来，有些人的理想信念有所淡化。西方左翼都能将共产主义在世界范围内作为资本主义的替代者进行思考，对我们而言更应该坚持共产主义的理想信念。

第二，对于旗帜鲜明地坚持中国特色社会主义有重要意义。"新共产主义"的主要代表人物尽管观点各异，但他们回归马克思的共产主义观念这一基本立场是一致的。我们反对西方激进左翼把社会主义和共产主义对立起来的观点。另外，当代激进左翼重新回到共产主义观念的源头，回到符合人性的共同体的建构这一要求上来，对恢复共产主义概念的激进内涵有重要意义。我们不能撇开共产主义来谈论社会主义，弱化社会主义理论中应有的激进内涵，缺少共产主义实践向度和规范诉求的社会主义不是科学社会主义。社会主义作为共产主义的初级阶段，如果没有共产主义原则的指导，没有实现共产主义的志向，社会主义就会失去灵魂。也正是在这个意义上，我们既要坚定走中国特色社会主义道路的信念，也要胸怀共产主义的崇高理想。

第三，对于我们深化对当代资本主义的认识具有重要的价值。今天人类正处于马克思所说的以人对物的依赖关系为特征、以市场经济为基础的社会主义和资本主义共处的第二大历史阶段。中国特色社会主义如何与资本主义合作共处？如何与其交往？如何在世界交换体系中走向现代化？这些都需要我们认真研究当代资本主义的新情况、新变化、新特征。知己知彼，方能百战不殆。"新共产主义"一个重要的方面就是"新共产主义"者作为当事人、亲历者对深陷资本主义金融危机的当代资本主义的反思与批判，如他们提出的"债务资本主义""技术资本主义""快速资本主义""认知资本主义""灾难资本主义"及"交往资本主义"等新概念。他们认为资本主义的发展不仅是剥削和不公正的加深，也是共产主义实现条件及其主体性的内在生长过程，今天的知识劳动、互联网正在为共产主义准备条件，正在产生越来越多的反资本主义的主体的思想，等等，这些对于了解当代资本主义的本质和特征具有重要意义。

总之，通过研究，我们可以全面系统地把握"新共产主义"向共产主义的回归，弄清其本质，借鉴其合理内容，对其不合理观点引以为戒，积极反思后资本主义的社会替代形式，坚定共产主义理想信念。作为理论研究，弄清楚"新共产主义"的本质，可以为我们的意识形态安全工作提供保障；坚定中国特色社会主义和共产主义的理论自觉和理论自信；在思政课的教学中，帮助学生分清理论上的是非，增强其坚持主流意识形态的自觉意识。

0.2　论题研究综述

0.2.1　国内研究现状

"新共产主义"自兴起之时就受到了国内相关学者的广泛关注，具体体现在以下方面。

0.2.1.1　翻译介绍

2010 年，于琦翻译了美国韦恩州立大学教授、文化批评家斯蒂芬·塞维罗的《共产主义的春天到来了吗？——伦敦大学"论共产主义观念"国际研讨会评述》，这是一篇评论 2009 年伦敦"共产主义观念"大会的文章。作者同意齐泽克在开幕式上提到的会议预期，即不是致力于讨论世纪的政治计划或介入日益严酷的社会和政治斗争现实，而是思考共产主义的哲学观点或这一理想如何能被重新激活，以及怎样在 21 世纪发挥作用。作者同时也对特里·伊格尔顿、迈克·哈特、托尼·奈格里、彼得·豪沃德、阿兰·巴迪欧、朱迪斯·巴尔索以及齐泽克的观点进行了评论，认为会议展示了当今欧洲和北美关于共产主义的理论方法之间的主要张力。齐泽克和巴迪欧倡导并掀起了回归革命的热潮，坚持以"激进的唯意志论"对抗全球性资本统治；哈特和奈格里把"大众"视为"帝国"的力量，在晚期资本主义的全球化结果中看到了共产主义的客观条件。作者也认为，虽然此次会议有一千多人参加，但完全由欧洲和北美主导，发言者均为欧洲白人和北美人，发言中只有少数人涉及拉丁美洲和中国，其国际性徒有虚名。❶

2010 年，《当代国外马克思主义评论》第 8 期刊登专题，翻译了六篇与伦敦会议相关的文章，分别是罗久译的阿兰·巴迪欧的《共产主义假设》，汪行福译的斯拉沃热·齐泽克的《如何从头开始？》，申林译的安东尼奥·奈格里的《共产主义：概念与实践之思》，陆心宇译的迈克·哈特的《共产主义之共者》，张志芳译的法国哲学家让－吕克·南希的《共产主义，语词——伦敦会议笔记》，林晖译的法国哲学家雅克·朗西埃的《共产主义：从现实性到非现实性》。

2011 年，《中国社会科学报》第 190 期 13 版刊登的译文介绍了迈克·哈特的《资本正在生产自己的掘墓人——共产主义的新契机》。哈特认为，当下资本主义的主导性生产方式是非物质的生产或生物政治生产（指观念、信息、图像、符码、社会关系和情感等方面的生产），作为私有财产和共有财产之间深层矛盾之生动演绎的非物质财产与物质财产之间的斗争已成为时代的特征。哈特认为，私有财产是资本主义的特征，国有财产是社会主义的特征，共有财产是共产主义的特征。随着资本主义经济的发展，共有财产的重要性与日俱增，新的思想、感受、社会关系和生命形式也在不断产生。因而在今天，实现共产主义事业的条件和武器比以往任何时候都更加成熟和完备。❷

汪行福的《危机、反抗与乌托邦》一文，以 2010 年 10 月主题为"危机、

❶　斯蒂芬·塞维罗：《共产主义的春天到来了吗？——伦敦大学"论共产主义观念"国际研讨会评述》，于琦译，《马克思主义与现实》，2010 年第 2 期。原文 "Communism at Birkbeck"，*Criticism*，Vol. 51，No. 1，Winter 2009.

❷　本文是译者根据迈克·哈特在杜克大学举行的主题为"共有财产和公社的形式：另类社会想象"学术会议上的演讲稿整理而成。见迈克·哈特：《资本正在生产自己的掘墓人——共产主义的新契机》，何卫华编译，《中国社会科学报》，2011 – 05 – 24，第 190 期 13 版。

反抗与乌托邦"的法国马克思主义大会为线索，对 2010 年世界马克思主义理论研究最新信息进行了追踪，在"社会主义与共产主义"部分谈到了新共产主义观念。❶

英国政治理论家和活动家艾伦·约翰逊在《新共产主义：复苏乌托邦幻想》中指出，新共产主义学派代表学者巴迪欧把共产主义在人类历史上的存在解读为当前正在进行的为了人类解放而进行的斗争。作者认为，新共产主义者幻想制定一种使"共产主义假设"在 21 世纪存在的新模式，并试图通过将共产主义视为一种美丽的柏拉图式的"理念"来恢复其名誉。❷

林哲元在《从当代资本主义的四种对抗到新无产阶级——论齐泽克的革命主体论》一文中指出，齐泽克的革命主体论将"否定性的空无"运用于激进政治领域，提出了资本主义的四种对抗，即资本主义的自身结构无法排除和克服的四种矛盾：生态危机、知识产权的私有化、新科技伦理的冲击、由新的围墙和贫民窟居民等"被排除者"构成的新形式的隔离。这四种形式的对抗具有阻止资本主义无限再生产的能力，其中"被排除者"决定着前三种对抗的性质。从当代资本主义不可调和的对抗出发，齐泽克指出，"被排除者"就是当代资本主义的"否定性的空无"，即解放政治的革命主体——新无产阶级。❸

0.2.1.2　研究述评

2010 年，汪行福的《为什么是共产主义？——激进左派政治话语的新发明》一文是对 2009 年伦敦大会的积极回应。在他看来，关于共产主义观念的合法性和必要性，从哲学立场上说，可区分为超越派和内在论派，在立论基础

---

❶　汪行福：《危机、反抗与乌托邦》，《社会科学报》，2011 – 10 – 13，第 3 版。

❷　艾伦·约翰逊：《新共产主义：复苏乌托邦幻想》，张大卫译，《文化纵横》，2012 年第 4 期，原载《世界事务》（*World Affairs Journal*），2012 年 5/6 月刊。另见《国外马克思主义研究报告 2013》，北京：人民出版社 2013 年版，第 335 – 342 页。

❸　林哲元：《从当代资本主义的四种对抗到新无产阶级——论齐泽克的革命主体论》，《国外理论动态》，2017 年第 7 期。

上可分为文化派和政治经济学派。阿兰·巴迪欧明确地站在超验主义的立场上为共产主义辩护，把共产主义称为永恒、普遍性的真理，认为这种真理不依赖具体的历史条件，相反，历史现实的结构和特征是由它来规定的。从哲学立场上说，齐泽克、奈格里和哈特属于同一阵营，他们都坚持一种内在论的立场，即从现实存在本身去寻找共产主义的基础。在汪行福看来，还有另一种以雅克·朗西埃为代表的思路，认为共产主义是对启蒙的理性主义传统和资本主义合理化的反抗。今天，我们需要强调的不是共产主义的现实性，而是它的非现实性，即它的超功利性和审美性。对共产主义的重新思考，更核心的问题是回到共同体问题上来。最后，汪行福反驳了激进左派的观点，指出社会主义立足的前提是共产主义的原则，是对共产主义原则在现实历史条件下的经验探索，社会主义和共产主义不是对立的。❶

吴冠军的《要么新共产主义，要么贝卢斯科尼——齐泽克的"第十一论纲"》一文介绍了"新共产主义"主将之一齐泽克关于共产主义的观点。在他看来，齐泽克的共产主义概念至少基于两个理由，一是哈特和奈格里提出的"共同之物"概念，为其提供了理论的正当性基础；二是之所以重启共产主义一词，也是为了强调对当下全球资本主义的批判，不只是为了追求某些细小的、部分的、有限的改变，而是追求整体意义上的改变，即真正的甚至是创痛性的改变。齐泽克强调必须有"共产主义的假设"，因为共产主义代表了对既有系统的一种不妥协的激进变革。❷

蓝江的《新共产主义之势——简论乔蒂·狄恩的〈共产主义地平线〉》❸一文对乔蒂·狄恩的《共产主义视域》做了述评。他指出，狄恩提出的共产主义之所以在新的视域上出现，正是出现了新的共产主义之势，这种"势"

---

❶ 《当代国外马克思主义评论（8）》，北京：人民出版社 2010 年版，第 3 - 27 页。
❷ 吴冠军：《要么新共产主义，要么贝卢斯科尼——齐泽克的"第十一论纲"》，《马克思主义与现实》，2011 年第 5 期。
❸ 此处南京大学哲学系教授蓝江将狄恩的著作 *The Communist Horizon* 翻译为《共产主义地平线》，本人译为《共产主义视域》。

由三个维度构成，即对新共产主义的憧憬成为新共产主义的动力，交往资本主义是新共产主义的革命对象，在交往资本主义的排斥和区分下形成的新无产阶级以及作为新无产阶级先锋队的新共产党是新共产主义的主体。蓝江认为，乔蒂·狄恩的《共产主义视域》一书超越了纯粹地对实际事件做简评的方式，开始在一个新的层面上重新思考共产主义的理论问题，即不仅要在资本主义全球危机的年代思考共产主义的可能性，更要看到如何在理论和实践上让共产主义从未来的视域上冉冉升起。❶ 汪行福在 2013 年《国外马克思主义研究报告》的"总报告"中，在"寻找资本主义社会的替代者"这一节中也提到了共产主义的复兴以及人们对这一观念的批判性关注。❷

范春燕在《一种新的共产主义？——当代西方左翼学者论"共产主义观念"》一文中指出，西方左翼学者在当前全球资本主义的普遍统治下试图重新盘活"共产主义"这个术语。其目的和用意，一是为扭转苏东剧变后弥漫在西方左派中的忧郁、迷茫甚至背叛；二是借共产主义之名提出"另一种替代"，一种异于当前的改良方案和折中方案、具有彻底的激进性和革命性的替代；三是在解构之后重新建构，在疏离国家之地重建政治。但是，当共产主义观念被赋予了一种改变世界的绝对和永恒的能力的同时，共产主义实践也失去了和个体、世界、历史相连接的管道。❸

尤其值得关注的是，2013 年和 2014 年分别出版的《国外马克思主义研究报告》一书中在"总报告"中分别以《寻找资本主义社会的替代者》和《共产主义的"再命名"》为标题，对"新共产主义"的基本观点进行了比较系统的介绍和评论，为人们客观、全面及深刻地认识"新共产主义"提供了理论启发和分析借鉴。

---

❶ 《国外马克思主义研究报告 2013》，北京：人民出版社 2013 年版，第 320 - 334 页。另见蓝江：《新共产主义之势——简论乔蒂·狄恩的〈共产主义地平线〉》，《教学与研究》，2013 年第 9 期。

❷ 《国外马克思主义研究报告 2013》，北京：人民出版社 2013 年版，第 17 - 25 页。

❸ 范春燕：《一种新的共产主义？——当代西方左翼学者论"共产主义观念"》，《马克思主义研究》，2014 年第 5 期。

0.2.2　国外研究现状

0.2.2.1　出版论文集和专著

2009 年 3 月伦敦会议以后，2010 年出版了由科斯塔斯·杜齐纳斯和斯拉沃热·齐泽克编辑的会议论文集《共产主义观念》。论文集反映了会议所体现的精神、活力和多元化特点。显然，尽管并不是所有作者都同意共产主义的意义，但论文集却显现出特定的共同主题，那就是：第一，共产主义观念通过诱导新的政治主体和受欢迎的志愿主义而面临普遍的去政治化。第二，"共产主义"是激进哲学与政治的观念。作为激进行动的前提，在与国家主义、经济主义保持距离之前，在成为 21 世纪的政治经验之前，共产主义必须被思考。第三，新自由主义资本主义的剥削和统治采取了共同的新形式（言论自由权、知识产权、遗传物质、自然资源及治理形式）。共产主义，通过回到"共有"的概念，面对资本主义私有化，意在建立一个新联合体。第四，共产主义的目标在于带来自由与平等。自由的繁荣离不开平等，没有自由，平等亦不复存在。❶

2013 年出版了由齐泽克编辑的会议论文集《共产主义观念 2》（*The Idea of Communism* 2），该论文集是 2011 年纽约会议的成果。2011 年，从"阿拉伯之春"到占领华尔街运动，从希腊反抗到英国骚乱，一系列解放事件出现了新情况、新问题。运动参与者的觉醒表现出脆弱、前后矛盾的新迹象，甚至在许多方面显示出枯竭的迹象："阿拉伯之春"的热情陷入妥协的困境，占领华尔街已经失去了势头和内在的动力，而且同样的事情仍在世界各地继续。那么，在这种时候应该做什么？纽约会议正是在这种背景下召开的。与会者首先

---

❶　Costas Douzinas & Slavoj Žižek, *The Idea of Communism*, London and New York：Verso, 2010, p. ix.

要证明的是群众的不满仍在继续，愤怒正在积累，反抗的新浪潮会随之而来。齐泽克认为，重要的是要在全球资本主义范围内弄清真相并定位这些事件，这意味着展示他们如何与资本主义政权对抗。❶ 本论文集正是专注于共产主义观念的与会者对现实情况的积极思考和干预措施的体现。

2010 年，阿兰·巴迪欧出版了著作《共产主义假设》。他认为，共产主义是正确的假设，所有放弃这一假设的人都会走向资本主义市场经济、议会民主等适合资本主义的国家形式，放弃这一假设就会认为资本主义这一最大的不平等是必然的和"自然"的。《共产主义假设》首次阐明如何重构左翼，这一假设是对普遍解放的新要求，热切关注人类未来，因而被称为新自由主义破产之后左翼的新大纲。

2011 年，布鲁诺·波斯蒂尔出版了著作《共产主义的现实性》。这是继巴迪欧、齐泽克和格罗伊斯之后，Verso 公司出版的又一本共产主义系列的著作。布鲁诺·波斯蒂尔是当代批判理论的新秀之一，他在书中讨论了由阿兰·巴迪欧、雅克·朗西埃和斯拉沃热·齐泽克等人引发的新的思想潮流，这些人正在引领共产主义的复兴。波斯蒂尔通过"投机的左翼主义"的棱镜考察了共产主义思想的复兴，认为"投机的左翼主义"不能超越崇高的抽象并彻底反思群众、阶级和国家的概念。波斯蒂尔与意大利生命政治哲学家罗伯托·埃斯波西托、西班牙籍文化理论家阿尔贝托·莫雷利亚斯等学者进行了相关问题的争论，并对玻利维亚副总统和思想家阿尔瓦罗·加西亚·利内拉的观点进行了深刻阐释。

2011 年，意大利哲学家吉尼亚·瓦蒂莫出版了《解释学共产主义》一书，该书把马克思主义与后现代主义结合了起来。瓦蒂莫认为，如果把解释学理解为一种后形而上学哲学，它的激进性在于，异议和多元解释可以提升民主，使弱者的声音得以表达；而弱者声音的表达恰恰是共产主义所追求的，因而两者

---

❶ Slavoj Žižek, *The Idea of Communism* 2, London and New York: Verso, 2013, Introduction.

的结合等于把历史带向既是民主又是共产主义的方向。❶

2012 年，乔蒂·狄恩出版了著作《共产主义视域》。狄恩认为，国际银行业的渎职提醒被剥削的人，世界已经进入了经济体系不可持续性的时代，是结束左翼与资本主义忧郁的和解的时候。她断言，在网络化信息技术的新资本主义中，我们的沟通能力被剥夺，但如果我们在共同和集体的欲望的基础上组织起来，则革命仍然是可能的。在对占领运动进行考察后，狄恩认为，这种自发性不能发展成一场革命，它需要按照政党来构建自身。

0.2.2.2　发表书评和研究成果

2011 年，加文·沃克发表了书评《共产主义的尊严：评巴迪欧的〈共产主义假设〉》。他认为，巴迪欧首先通过转变右翼对"共产主义失败"的渲染，确定了本书的论调。巴迪欧以使我们今天的政治焦点重返共产主义主题为中心，试图公开并坦陈现在"共产主义"一词能够而且必须重获积极的价值。加文·沃克强调，巴迪欧认为我们必须支持"共产主义假设"，它提醒我们现存世界不是必然的，也就是说，如果我们接受极端的资本主义经济并支持其议会政治的必然性，那么很简单，我们就看不见我们身处其中的内在现实的可能性。❷

2011 年，乔蒂·狄恩发表了书评《当前形势和我们的任务：评波斯蒂尔的〈共产主义的现实性〉》。她认为，当代政治理论最令人兴奋的开端是共产主义的开端。这一情形与当前正在蔓延的愤怒、占领和革命的紧迫性紧密相关，共产主义正是政治、经济、智力领域的重新配置。布鲁诺·波斯蒂尔的《共产主义的现实性》，通过对著名的左翼主题和思想家的批判性交锋，扩展了这一开端。该书提出了一幅由历史、政治和批判推动的更加活跃的国际共产主义图景，用新的激进主义、组织性和资本的终结重新点燃了共产主义的政治

---

❶ 《国外马克思主义研究报告 2013》，北京：人民出版社 2013 年版，第 19 页。
❷ Gavin Walker, "The Dignity of Communism: Badiou's Communist Hypothesis", *Socialism and Democracy*, Vol. 25, No. 3, pp. 130 – 139, 2011.

理论。《共产主义的现实性》还批判地吸收了当代政治理论中一些杰出思想家的观点，并超越了他们，重新将共产主义诠释为不仅仅是一种假设和斗争，更重要的是作为有号召力的、有组织的、为争取解放和平等的政治运动。❶

2013 年，约瑟夫·G. 拉姆齐发表了书评《关注红色的视域——共产主义的条件》。他认为，视域虽然无法到达，甚至在某种意义上无法接近，但视域能够帮助我们朝向哪里。关注视域是为了确定我们想去的大致方向。无论我们在哪里——我们都在共产主义的路上。❷

2015 年，《哲学与共产主义的观念——阿兰·巴迪欧与彼得·恩格尔曼的对话》一书出版。巴迪欧解释了为什么他坚持认为共产主义观念是反抗当下资本主义危机的背景中唯一具有价值的东西，他所预测的国家消亡的共产主义或无国家的共产主义就是对当代代议制民主和作为一个体系的资本主义的质疑和批判。当然，这本书谈论的是一些国际政治问题，如"阿拉伯之春"、欧洲无证工人的反抗、法国右翼的崛起以及新反犹主义，等等。❸

2010 年，英国曼彻斯特大学环境与发展学院教授埃里克·阿希尔玛丽发表了《共产主义假设和革命的资本主义：探讨二十一世纪共产主义区域观念》一文。她认为，共产主义的名称依然能够唤起一种意识，那就是一个真正不同的世界。这个世界不仅可以被设想，而且具有实践的可能性。共产主义观念与民主、平等紧密相连。❹

综上所述，国内外的研究呈现出以下明显的特征。

一是研究者的兴趣主要集中在对 2009 年伦敦会议的情况、意义、观点的介绍和评论方面，国内的译介也主要集中于此。对"新共产主义"后续的论

---

❶ Jodi Dean, "The Current Situation and Our Tasks: Bosteels' The Actuality of Communism", *Theory & Event*, Vol. 14, No. 4, 2011.

❷ 这篇文章公布于 2013 年 7 月 22 日，被归类于行动，书评，共产主义/马克思主义/毛泽东思想。

❸ 九月鹰（南京大学哲学系蓝江教授）：《*Philosophy and the Idea of Communism* 的评论》，2016 - 02 - 11，https://book.douban.com/subject/26438237/.

❹ Erik Swyngedouw, "The Communist Hypothesis and Revolutionary Capitalisms: Exploring the Idea of Communist Geographies for the Twenty - first Century", *Antipode*, Vol. 41, No. S1, 2009, pp. 298 - 319.

著、观点关注较少。其实，恰恰是对其论著和观点的研究更能揭示"新共产主义"的核心思想和理论诉求。

二是国外学者的研究大多停留在对资本主义社会的批判、反思上，停留在理论诉求层面，缺少理论的系统建构，更缺少理论诉诸实践的思考。比较难能可贵的是，《共产主义视域》的作者乔蒂·狄恩探讨了共产主义在实践中的可能性。正如科斯塔斯·杜齐纳斯和斯拉沃热·齐泽克认为的那样，左翼理论总是与政治实践相联系，寓思于行是左翼的关键武器。道理确实如此，理论应该与群众相接触、相联系，否则就会变成没有群众参与的独舞，舞姿再曼妙，也起不到改变现实、改变世界的作用。

三是研究主要偏向于对个人思想的研究，如对巴迪欧的《共产主义假设》和波斯蒂尔的《共产主义的现实性》的评论。总体上，人们对狄恩的《共产主义视域》关注较多，这一关注持续到 2016 年 2 月由 Verso 公司出版她的《群众与政党》一书。

四是"新共产主义"围绕"共产主义"论及的问题涉及很多方面，当前的研究只是在提到"新共产主义"时进行了有限的思考，带有一定的随机性，很不系统，还不能全面地反映这一作为整体观念的思想观点和理论主张。

0.3　研究思路和方法

0.3.1　研究思路

"新共产主义"风起潮涌，我们需要把握其本质，思考这一观念为什么会兴起，是否意味着共产主义的回归与复兴，是否预示着全球共产主义时代的到来，"新共产主义"新在何处，它有什么新理念新思想新观点，在实践上有没有新构想，同时，"新共产主义"与曾经出现的法国共产党的"新共产主义"有何异同，这些都需要我们运用马克思主义的立场、观点和方法进行深入的探讨和细致的分析。

本书由导论和正文五章内容组成。第一章，"新共产主义"由来，主要介绍"新共产主义"兴起的背景和"新共产主义"观念辨析。第二章，"新共产主义"的共产主义理念，讨论"新共产主义"的三种代表性观点，即对共产主义的三种理解。围绕共产主义有许多争论，是一种战略性的假设？一种批判性的观念或解放运动？第三章，对当代资本主义的批判，这是"新共产主义"代表人物的核心思想。"新共产主义"代表人物对资本主义的社会问题进行了揭露，对资本主义的社会矛盾进行了分析，对当代资本主义的性质和特点进行了阐述，如当代资本主义是"债务资本主义"，当代资本主义是"租金资本主义"，当代资本主义是"交往资本主义"，等等。第四章，关于"新共产主义"的实践主体问题，"新共产主义"的代表人物从理论上进行了积极探讨，提出当代资本主义的新阶级理论。伴随着新社会运动的兴起，群众的组织问题被提上议事日程，他们重提并探讨了政党问题。第五章，实现"新共产主义"的动力，推动这一社会发展的动力来自哪里？理论家们提出了大众渴望的动力、阶级意识的动力以及理论见于实践的动力三个方面的观点。

0.3.2 研究方法

文献研究法。要对"新共产主义"进行研究，首先要翻译和整理大量的外文资料。通过翻译相关外文资料，反复阅读，系统研究和全面分析代表性文献，深入思考，提取出"新共产主义"的基本观点，厘清研究的思路。目前国内学者的理论评析很少，仅有的也是蜻蜓点水，一带而过，没有系统研究。"新共产主义"代表人物理论观点具有共同点，同时差异很大。对这种复杂情况，需要进行全面细致深入的分析。对"新共产主义"兴起的标志、背景、原因和意义的探讨，对"新共产主义"的内涵、特征、构想的研究，以及对共产主义的实现主体、实现途径的研究，提取出"新共产主义"的基本观点，揭示"新共产主义"的本质，借鉴其积极成果，批判其不合理观念。

总体性方法。把"新共产主义"放在西方左翼思想发展的历史中并置于整个共产主义思想的发展史中来看待。总体性方法，就是把认识的对象看作一个有机整体，认为构成这一整体的各个要素彼此间处于一种动态的联系中，没有这一联系就没有这一整体；认为总体决定部分，整体制约并决定构成这一整体的各个要素的性质。❶"新共产主义"不是空穴来风，不是无源之水，其兴起和发展离不开西方左翼思想的深厚土壤，是对西方左翼思想传统的"扬弃"，与西方左翼思想传统是继承与发展的关系。因此，必须把"新共产主义"放在西方左翼思想发展的历史中来看。只有这样，才能认清"新共产主义"的来龙去脉，才有助于对"新共产主义"的准确把握。

比较研究方法。将"新共产主义"与经典西方马克思主义、激进社会主义、欧洲共产主义、法国共产党的"新共产主义"的相关观点进行比较研究，搞清楚多种观点之间的区别与联系，有利于把握"新共产主义"究竟新在何处，把握"新共产主义"的本质特征。

整体研究与专题研究相结合的方法。对"新共产主义"的研究，既可以对观念进行系统全面的整体研究，也可以对某个代表人物的观点进行专题研究，还可以对某一问题进行专题研究。一方面，专题研究是整体研究的前提和基础，没有对代表人物观点的专题研究，没有对问题的专题研究，整体研究不会有深度；另一方面，专题研究和整体研究是点和面的关系，在每一个观点和问题的背后，都有纵向的理论传承和横向的观点交融，都有宏大的时代背景和社会环境。因此，整体研究可以在较高的层面上指导专题研究的开展。

---

❶　梁树发：《关于马克思主义发展史研究的几个方法问题》，《马克思主义研究》，2012 年第 12 期。

0.4　研究难点与创新之处

0.4.1　研究难点

第一，对"新共产主义"进行全面研究，既是研究的特色与创新之处，也是研究的难点。由于本研究建立在对西方左翼理论家、"新共产主义"代表人物的著作和论文把握的基础之上，因此为了占有尽可能多的资料，首先必须做大量的翻译工作。

第二，在翻译的基础上进行归纳整理。由于材料庞杂，所以归纳整理工作复杂；材料内容上虽在"新共产主义"这一研究主题上有契合点，但是差异比较大，所以归纳整理应建立在充分的抽象思维基础上。

0.4.2　创新之处

本研究的创新之处主要表现在以下两个方面。

第一，选题新颖。"新共产主义"被《国外马克思主义研究报告2013》列为前沿问题，至今仍是国外马克思主义领域重点关注的学术前沿。但是，关注较多，研究不足，大多停留在译介阶段。因此，将其作为选题继续进行深入研究，仍是一项有意义的工作。

第二，研究系统。目前国内学者的理论评析很少，仅有的也是蜻蜓点水，一带而过，没有系统研究。"新共产主义"代表人物理论观点具有共同点，同时差异很大。对这种复杂情况，需要进行系统研究。

第 1 章 "新共产主义" 由来

国内外学者把以齐泽克和巴迪欧为代表的,以"回到共产主义""共产主义复兴"为核心主张的左翼理论家关于共产主义的论述、讨论和争论称为"新共产主义"。"新共产主义"作为激进左翼的政治哲学,标志着共产主义观念的回归。随着资本主义金融危机的爆发和群众抵抗运动的兴起,以反思资本主义金融危机以及由其引发的群众抵抗运动为内容,以寻求资本主义替代者为目标,以共产主义为主题,以巴迪欧和齐泽克为旗手的"新共产主义"逐步形成。

1.1 "新共产主义"兴起的背景

"新共产主义"缘何兴起?又是如何兴起的?"新共产主义"何以必然会出现在这一历史时刻?从实际历史进程看,"新共产主义"经历了一个生成过程。马克思在《〈政治经济学批判〉序言》中指出:"我们判断这样一个变革时代也不能以它的意识为根据;相反,这个意识必须从物质生活的矛盾中,从社会生产力和生产关系之间的现存冲突中去解释。"❶ 事实确实如此,当代资本主义发展的现状和内在的矛盾与"新共产主义"的回归密切相关。

---

❶ 《马克思恩格斯选集(第二卷)》,北京:人民出版社 2012 年版,第 2 页。

1.1.1 2008 年全球金融危机

2008 年，源于 2007 年的美国次贷危机发展成金融危机，并且向全球蔓延，引发全球经济危机。危机从局部发展到全球，从发达国家传导到新兴市场国家，从金融领域扩展到实体经济领域。这场危机波及范围之广，影响程度之深，冲击强度之大，为 20 世纪 30 年代以来所罕见。金融危机和经济危机发生后，西方许多国家陷入了主权债务危机。为减少财政赤字，这些国家纷纷采取冻结工资、减少政府雇员、削减社会福利和减少公共支出等紧缩政策。正如科斯塔斯·杜齐纳斯和斯拉沃热·齐泽克针对欧洲联盟指出的那样："2000 年，在欧洲，尤尔根·哈贝马斯和乌尔里希·贝克热衷于欧洲联盟和统一货币，预言这将成为人类未来的模式。现实已经今非昔比了！"❶ 事实上，"欧洲联盟不再是一种模式，而是狂热的右翼政府和懒散的社会民主党的非正常组织，它实施前所未有的财政紧缩措施，为了回到'财政自律'，将失业和贫困强加于劳动人民"❷。"社会团结和正义的一切伪装，欧盟一直以来的夸张断言，已经被抛弃了。2008 年银行'救市'共计超过一万亿美元，使新自由主义娱乐场资本主义的放任社会化了，要求群众为避险基金的投机、衍生品市场和基于消费和债务的经济系统买单。"❸ 杜齐纳斯和齐泽克指出，经济危机进一步发展为政治危机："新世纪第二个十年伊始，冷战后资本主义的自鸣得意结束了。经济危机已经成长为完全的政治危机，这是非法的政治制度，使人们疏离资本主义的意识形态。新的对抗和斗争发展了西方福利国家的防卫，大众被程序化地排

---

❶ Costas Douzinas & Slavoj Žižek, *The Idea of Communism*, London and New York：Verso, 2010, p. vii.

❷ Costas Douzinas & Slavoj Žižek, *The Idea of Communism*, London and New York：Verso, 2010, p. vii.

❸ Costas Douzinas & Slavoj Žižek, *The Idea of Communism*, London and New York：Verso, 2010, p. vii.

斥于经济活动、政治参与和生态恐惧之外。"❶

关于资本主义经济危机和政治危机,马克思和恩格斯早在《共产党宣言》中就指出:"几十年来的工业和商业的历史,只不过是现代生产力反抗现代生产关系、反抗作为资产阶级及其统治的存在条件的所有制关系的历史。只要指出在周期性的重复中越来越危及整个资产阶级社会生存的商业危机就够了。"❷ "社会所拥有的生产力已经不能再促进资产阶级文明和资产阶级所有制关系的发展;相反,生产力已经强大到这种关系所不能适应的地步,它已经受到这种关系的阻碍;而它一着手克服这种障碍,就使整个资产阶级社会陷入混乱,就使资产阶级所有制的存在受到威胁。资产阶级的关系已经太狭窄了,再容纳不了它本身所造成的财富了。"❸ 正是这场危机成为时代变革的依据。

因此,根据马克思和恩格斯的论述,资本主义经济危机、金融危机与社会结构、社会关系本质上相联系,资本主义社会危机实质上是社会发展所要求的公共性的危机,暴露了社会结构和社会关系的矛盾和问题。

1.1.2 反资本主义的群众运动

这场广泛而深刻的国际金融危机和经济危机,迫使广大劳工群起而反对政府财政紧缩政策以及削减工人群众福利等资本的剥削和统治。2011 年 9 月 17 日在纽约举行的美国民众抗议金融资本统治的"占领华尔街"示威活动,像一股飓风,迅速扫向美国的波士顿、洛杉矶、旧金山、华盛顿、丹佛、费城、盐湖城等各大城市,并波及加拿大、英国、荷兰等全球多个国家和地区的千余座城市。2011 年 11 月 30 日,英国 30 个工会组织了有 200 多万人参加的大罢工。2011 年 12 月 1 日,希腊工会组织了罢工。此前,2010 年底,北非和西亚

---

❶ Costas Douzinas & Slavoj Žižek, *The Idea of Communism*, London and New York: Verso, 2010, p. vii.

❷ 《马克思恩格斯选集(第一卷)》,北京:人民出版社 2012 年版,第 406 页。

❸ 《马克思恩格斯选集(第一卷)》,北京:人民出版社 2012 年版,第 406 页。

的阿拉伯国家也曾发生了一系列反政府运动，这次运动被称为"阿拉伯之春"。运动先后波及突尼斯、埃及、利比亚、也门、叙利亚等多个国家，造成多名领导人下台。

欧美工人群众前后接连爆发的这些游行示威、罢工活动的直接导火线，要么是抗议资本剥削压迫，要么是抗议政府实行削减劳工大众福利的财政紧缩政策。从根本上说，这些都是资本主义制度自身无法摆脱的资本主义社会基本矛盾的痼疾发作使然。这些现象表明，工人阶级反抗资本统治的集体行动是资本主义政治制度下不以任何人意志为转移的规律性现象。

"占领华尔街"运动及其国家的民众抗议活动，实际上都是要反对一整套经过精心设计的用来压榨劳工阶级、降低人民生活水平、增加个人债务、激化财富分配不平等的全球经济政策。"占领华尔街"运动及"阿拉伯之春"等各种占领运动与抵抗运动，反映了广大民众对统治阶级解决危机的方案日益不满，资本主义最终瓦解不可避免。资本主义的危机表明，由美国实行及推行多年的新自由主义经济秩序彻底破产。而反资本主义的群众斗争又要求把寻找资本主义的替代形式提到议事日程。在这种背景下，资本主义替代问题便成为知识分子探讨的中心话语，一度沉寂的共产主义话题又重新回到知识场域的中心。

1.1.3　左翼代表人物对共产主义的长期关注

当代政治理论最令人兴奋的开端是共产主义的开端。这一开端固然与正在蔓延的愤怒、占领和革命的紧迫性紧密相关，但"新共产主义"的兴起，并非一群有影响力的哲学家和政治理论家突发奇想而讨论共产主义，而是由于资本主义危机和反资本主义群众运动作为外因，激活并点燃了内在于左翼理论家的"共产主义"理论情结。其实，在"新共产主义"兴起之前，关于"共产主义"的讨论一直在进行。"新共产主义"最早可以追溯到1990年奈格里的相关论述。2008年，巴迪欧就出版了《萨克齐的意义》，书中明确提出了"共产主义假设" 概念。三十多年来,奈格里一直在从事这一研究,巴迪欧从事共产主义研究四十多年,共产主义对齐泽克来说也不是一种新旨趣。他们认为,共产主义是当代解放、平等政治的代名词,并且一直在对共产主义的许多概念进行积极的反思。"新共产主义" 的兴起,正是因为共产主义是并且曾经是资本主义的替代者。❶

同样,法国人类学家伊曼纽尔·泰雷在《如今的共产主义》中也指出,关于共产主义假设的讨论,对他来说已经不新鲜了。早在 1992 年,在柏林墙倒塌和布拉格 "天鹅绒革命" 的警醒中,一度所有西方知识界或惋惜或庆贺共产主义的灭亡,泰雷就出版过一本题为《共产主义的第三时期》的小册子。泰雷认为,资本主义剥削和与之相伴的多方面的压迫根本没有终结;相反,却有许多激化的机会,很容易预见到共产主义之风很快会从灰烬中重生。不需要预言共产主义会很快复兴——重要的是预示的复兴今天我们都能看到。❷

对共产主义观念的集中讨论发生在 2009 年伦敦会议上,这次会议首次以共产主义的名义邀请到一些最令人关注的左翼哲学家。大会要解决的关键问题就在于是否仍要用 "共产主义" 的名称来指称彻底解放的事业。与会者虽然持不同的观点并来自不同的领域,但一致认为应该保持对 "共产主义" 名称的忠诚。

通过对 "共产主义" 标记去妖魔化,阿兰·巴迪欧用恰当的语词声称,从柏拉图开始,共产主义就是值得哲学家探求的唯一政治理念。这次会议为重新激活激进哲学与政治之间的紧密联系开辟了道路。学者们的广泛参与,愉快的非宗派的对话,都象征着这次会议是专业知识的邂逅,甚至是更大的政治事件,具有重要的政治价值。

左翼理论总是与政治实践相联系,寓思于行是左翼的关键武器。在这个关

---

❶ Jodi Dean, "The Current Situation and Our Tasks: Bosteels' The Actuality of Communism", *Theory & Event*, Vol. 14, No. 4, 2011.

❷ Emmanuel Terray, "Communism Today", in *The Idea of Communism* 2, Slavoj Žižek, London and New York: Verso, 2013, pp. 169 – 170.

键的转折点，所有关于危机结果的断言消失了，共产主义观念有可能复兴对共产主义的理论思考，并扭转晚期资本主义的去政治化倾向。

会议体现出多元化的特点，这在论文集中显而易见。不言而喻，不是所有演讲者都同意共产主义的意义。今天，它的相关性可能成为一种新的政治方式的开端。尽管有一些分歧，但涌现出了特定的共同主题。第一，西方政治试图禁止并阻止冲突，共产主义观念面临普遍的去政治化。第二，共产主义是激进哲学与政治的观念。作为激进行动的前提，今天，共产主义必须被思考。第三，新自由主义资本主义的剥削和统治采取了共同的新形式（言论自由、知识产权、遗传物质、自然资源和治理形式）。共产主义，通过回到"公有"的概念，面对资本主义私有化，意在建立一个新的联合体。第四，共产主义的目标在于带来自由与平等。自由的繁荣离不开平等，没有自由，平等亦不复存在。正如齐泽克提议的，闭会期间，一定要一次又一次地开始，而开始总是最难的。但也许已经开始了，现在的问题是忠诚于开始。这就是未来的任务。❶

"新共产主义"的代表人物认为，是时候在晚期资本主义的背景下重新思考共产主义的回归问题了。关于共产主义运动，马克思和恩格斯在《德意志意识形态》中指出："这个运动的条件是由现有的前提产生的。"❷ 马克思在《〈政治经济学批判〉序言》中进一步指出："无论哪一个社会形态，在它所能容纳的全部生产力发挥出来以前，是决不会灭亡的；而新的更高的生产关系，在它的物质存在条件在旧社会的胎胞里成熟以前，是决不会出现的。所以人类始终只提出自己能够解决的任务，因为只要仔细考察就可以发现，任务本身，只有在解决它的物质条件已经存在或者至少是在生成过程中的时候，才会产生。"❸ 环顾全球，对于资本主义国家的消亡来说，马克思的论述对于指导群众运动及共产主义实践具有重要的意义。

---

❶ Costas Douzinas & Slavoj Žižek, *The Idea of Communism*, London and New York：Verso, 2010, pp. viii – x.
❷《马克思恩格斯选集（第一卷）》，北京：人民出版社 2012 年版，第 166 页。
❸《马克思恩格斯选集（第二卷）》，北京：人民出版社 2012 年版，第 3 页。

1.2 "新共产主义"观念辨析

对"新共产主义"观念的界定，主要从共产主义观念和"新共产主义"的名称由来两方面进行。以阿兰·巴迪欧为代表的"新共产主义"者对共产主义进行了重新阐释，认为共产主义观念既是哲学观念，也是政治观念，与资本主义是绝对不对称的关系，共产主义首先而且最重要的是一种运动。"新共产主义"这一名称是国内外学者赋予该观念的一个标志性符号，本书沿用了国内外学者的观点。

1.2.1 共产主义观念

阿兰·巴迪欧认为，共产主义观念是一种特定的观念。在真正的共产主义运动中运用共产主义观念，可以帮助我们判断共产主义运动的具体状态和政治价值，并判断运动总的导向是否与共产主义观念是同质的。

共产主义是必然的目标，是历史运动的必然的目的。同时，共产主义作为必要的、积极的结果，如果把它与资本主义危机联系起来，就会发现共产主义正逐渐被资本主义自身所创造。

共产主义观念不是从外部强加的观念，而是内在于具体的问题当中并且能被辩证转换的观念。既可以朝着历史的视域，又可以专注于非常直接而具体的状况。共产主义观念有这个双重的能力，因而是有用的，是一种政治观念。这种政治观念与人类整体的解放有关，具有普遍价值，因而又是一种哲学观念。

共产主义一词的优势和力量在于这样一个事实，即它明确而慎重地指出了一种根本不同的社会组织是可能的这一信念。这是一个关键点：由于这个原因，共产主义一词再次变得重要。因为它指出了这样一种信念，即在事物中，一种不同于今天占统治地位的社会组织是可能的。

阿兰·巴迪欧认为,共产主义首先并且最重要的是一种运动。因此严格来讲,共产主义不是一种权力,它必须是一种运动。因此,我们需要一直关注共产主义作为一种运动存在的方式。❶

阿兰·巴迪欧指出,共产主义的观念并不与资本主义竞争,它与资本主义是绝对不对称的关系。共产主义观念的更新,是正在展开的任务,需要有革命的紧迫性。这与其说是一种我们想要在现状中创造的改变,不如说我们想要现存事物在新的空间、在新的维度以某种方式波浪式前进。❷ 马克思和恩格斯曾指出:"共产主义革命就是同传统的所有制关系实行最彻底的决裂;毫不奇怪,它在自己的发展进程中要同传统的观念实行最彻底的决裂。"❸ 共产主义观念确立的过程,即公有观念替代私有观念的过程。

1.2.2 "新共产主义"的理论诉求

探讨"新共产主义"的理论诉求,有助于进一步了解"新共产主义"。"新共产主义"的理论诉求主要体现在为资本主义寻找替代者和为共产主义"正名"这两个方面。

第一,为资本主义寻找替代者。资本主义危机预示着新自由主义已经破产,反资本主义的社会运动和群众斗争提出了用新的社会形式替代资本主义社会的问题。在此情势下,学者们针对资本主义的矛盾和问题,试图解决资本主义的替代者问题,共产主义因而被提出来,并成为讨论和争论的中心议题。

2008年全球金融危机爆发以来,晚期资本主义在应对经济形势中暴露出固有的矛盾和问题,罢工、骚乱、占领和革命此起彼伏。以齐泽克和巴迪欧为

---

❶ Alain Badiou & Peter Engelmann, *Philosophy and the Idea of Communism: Alain Badiou in conversation with Peter Engelmann*, Cambridge: Polity Press, 2015.

❷ Alain Badiou, "The Communist Idea and the Question of Terror", in *The Idea of Communism* 2, Slavoj Žižek, London and New York: Verso, 2013, pp. 1 – 11.

❸ 《马克思恩格斯选集(第一卷)》,北京:人民出版社2012年版,第421页。

旗手的西方左翼激进政治哲学家掀起了一股以"回到共产主义""复兴共产主义"为宗旨的"新共产主义"的潮流,从另一种视野来思考和提出资本主义的替代者问题。2009 年齐泽克、巴迪欧、波斯蒂尔、巴尔索、杜齐纳斯、伊格尔顿、哈特、奈格里、鲁索等人召开的主题为"共产主义观念"的伦敦会议,就是思考共产主义观念以及它如何可以重新解释和想象我们自己时代的行动。2010 年,Verso 公司出版了来自 15 位参会者的论文集《共产主义观念》。

这次学术会议介绍了摆在我们面前的任务,主张超越资本主义的排斥,维护社会的积极前景。会议涉及一些最重要的辩论,试图从理论上阐明 21 世纪的共产主义,对共产主义观念如何在今天与政治和哲学相关进行了反思。当然,学者们的学术观点存在较大差异,但恰恰是这些差异及争论使得这次学术会议及其论文集更加值得关注和研究。现在,回顾并探讨《共产主义观念》这本论文集仍具有重要的意义。正如阿兰·巴迪欧指出的那样,自柏拉图以来,共产主义是唯一值得哲学家思考的政治观念。共产主义作为重要的政治观念,对哲学家来说值得思考,当然对我们也不例外。

2010 年在柏林召开了主题为"共产主义观念:哲学和艺术"的第二届讨论会,柏林会议论文集为《共产主义观念Ⅱ》。

2011 年,一系列解放事件经历了从高涨到衰退的转变过程,"阿拉伯之春"的热情陷入妥协,占领华尔街已经失去了势头,运动的内在动力不断损耗。2011 年,齐泽克、巴迪欧、波斯蒂尔、狄恩、巴里巴尔等人又在纽约召开以"共产主义:一个新的开始"为主题的第三次会议,并于 2013 年出版会议论文集《共产主义观念 2》。此次会议就是要在全球资本主义的总体中弄清真相并定位这些事件,证明不满和愤怒仍在积累,反抗的新浪潮会随之而来。这次会议就是学者们企图使共产主义重新开始,提出新的干预措施。

继伦敦、柏林和纽约有关共产主义观念的三次国际学术会议之后,2013 年齐泽克、巴迪欧以及汪晖等人又在韩国首尔庆熙大学召开了第四届"共产主义观念"学术会议,并于 2016 年 6 月出版了会议论文集《共产主义观念 3》。与会者主要讨论的是当代最紧迫的问题,即共产主义原则的持续重要性,并讨论了全球资本主义的未来。中国学者汪晖探讨了全球经济危机和政治动荡时代共产主义区域愿景的问题。

除了以上四次规模较大的国际讨论会外，还有几次相关主题的小型学术讨论会。如 2010 年 1 月由丹尼尔·本赛德在巴黎组织的主题为"共产主义力量：共产主义在今天是个什么名字"的学术讨论会，这次会议的参加者中有很多人都参加过伦敦大会，其中的知名人物包括安东尼奥·奈格里、雅克·朗西埃、阿尔伯特·托斯卡诺和齐泽克。这次会议的一些文章可以在雅克·比岱为《今日马克思》杂志编辑的名为《共产主义》的专辑上看到。❶ 2013 年 1 月，在巴黎召开了"希腊症状：债务、危机和左翼危机"讨论会，左翼思想家结合当时形势对"共产主义"观念及其激进政治策略进行了探讨。❷ 2013 年 11 月 2 日，波斯蒂尔、乔蒂·狄恩等人又在美国康奈尔大学举办了关于"共产主义潮流"的小型研讨会。乔蒂·狄恩致欢迎词，波斯蒂尔做总结发言。与会者在一系列问题上提出激进的干预措施，从委内瑞拉治理到金砖四国，言论引起轰动。❸

在上述学术讨论会上，"新共产主义"理论家们集体亮相，并积极探讨资本主义的替代者问题，一致主张必须用共产主义来替代资本主义。如在伦敦会议的论文集《共产主义观念》中，阿兰·巴迪欧在《共产主义观念》一文中指出："我们中越来越多的人们都卷入了在穷人和工人阶级中组织新型的政治进程，卷入了试图寻求可能的路径以支持在现实中重新出现的共产主义观念。"❹ 波斯蒂尔主张"从资本主义内部简述共产主义的潜在轮廓"❺，"到目前为止，我们也可以说，哲学家仅仅是从多方面努力将共产主义构建为一个乌

❶ Bruno Bosteels, *The Actuality of Communism*, London and New York：Verso, 2011, p. 3.
❷ 《国外马克思主义研究报告 2014》，北京：人民出版社 2015 年版，第 26—27 页。
❸ Huw Lemmey, "The Idea of Communism in South Korea", 9/20/2013, http：//www.versobooks.com/blogs/1400-the-idea-of-communism-in-south-korea.
❹ Alain Badiou, "The Idea of Communism", in *The Idea of Communism*, Costas Douzinas & Slavoj Žižek, London and New York：Verso, 2010, p. 14.
❺ Bruno Bosteels, "The Leftist Hypothesis：Communism in the Age of Terror", in *The Idea of Communism*, Costas Douzinas & Slavoj Žižek, London and New York：Verso, 2010, p. 45.

托邦的理想或未来的视域；然而，关键是要表达它作为存在并在现存事物状况中起作用"。❶

第二，为共产主义正名。学者们主张保持共产主义这个语词，并宣称将其作为当代解放政治事业的名称。那么，今天我们用它表达什么意思呢？在西方资本主义国家，由于长期的反共产主义意识形态宣传，提到共产主义，人们容易联想到斯大林模式。"新共产主义"代表人物的理论诉求就是为共产主义正名，也只有得到正名的共产主义，即"新共产主义"才可以作为名正言顺的资本主义的替代者。

共产主义复兴就是对共产主义的"再命名"或"正名"。这一现象的出现至少有两方面原因：一是苏联式的"现实共产主义"不能代表真正的共产主义。二是为了与自由民主派立场相区别，激进左翼需要自己的政治标签，而共产主义概念由于其内涵的复杂性而受到了欢迎。

为实现其理论诉求，首先要为共产主义正名。总的来说，左翼理论家对于共产主义概念的理解，大多同意马克思和恩格斯在《德意志意识形态》中关于共产主义的那句经典论述，即："共产主义对我们来说不是应当确立的状况，不是现实应当与之相适应的理想。我们所称为共产主义的是那种消灭现存状况的现实的运动。这个运动的条件是由现有的前提产生的。"❷

"新共产主义"的代表人物普遍赞同马克思和恩格斯的这一论述。仅波斯蒂尔在《左翼的假设：恐怖时代的共产主义》中就引用过四次。科斯塔斯·杜齐纳斯和斯拉沃热·齐泽克编辑的《共产主义观念》这本论文集收录了布鲁诺·波斯蒂尔的文章《左翼的假设：恐怖时代的共产主义》。在文章开篇，波斯蒂尔引用了以上论述。在文章中，波斯蒂尔再次提到这一论述。比如，波斯蒂尔的提问："共产主义假设与各种形式的左翼观点划清界限的努力，难道不符合这种可靠的方案吗？正是这种方案，使维持现状的理论家们一再设法与

---

❶ Bruno Bosteels, "The Leftist Hypothesis: Communism in the Age of Terror", in *The Idea of Communism*, Costas Douzinas & Slavoj Žižek, London and New York: Verso, 2010, p. 49.

❷ 《马克思恩格斯选集（第一卷）》，北京：人民出版社 2012 年版，第 166 页。

消灭现存状况的现实的运动保持距离。"❶ 在论述当前共产主义假设复兴的第二大任务时，他又一次提到这一论述，"共产主义作为消灭现存事物状况的现实的运动必须通过社会政治运动才能实现"❷。在文章末尾，他第四次指出："就共产主义实践而言，在意识形态层次上需要着手处理的首要事情是人类本性的创新——共产主义不是要实现的理想，而是消灭现存状况的现实的运动。"❸

艾蒂安·巴里巴尔在《共产主义作为承诺、想象力和政治》中指出："这里引用马克思和恩格斯在《德意志意识形态》中的著名定义——共产主义是消灭现存状况的现实的运动，并不改变现状，因为主体或者抵制运动，或者对运动贡献，只有在他们渴望的情况下，才能对运动贡献。"❹

在《哲学与共产主义观念——阿兰·巴迪欧与彼得·恩格尔曼的对话》一书中，阿兰·巴迪欧指出："共产主义首先并且最重要的是一种运动。因此严格来讲，共产主义不是一种权力；它必须是一种运动。……因此，我们需要一直关注共产主义作为一个运动存在的方式。……因此，这把我们带回马克思。"❺

在《党与共产主义团结》一文中，乔蒂·狄恩指出："我们所称为共产主义的是那种消灭现存状况的现实的运动。我们该怎样理解这句话呢？不是理解为直接暴力或直接的前兆，而是理解为自愿合作的扩展。"❻

---

❶ Bruno Bosteels, "The Leftist Hypothesis: Communism in the Age of Terror", in *The Idea of Communism*, Costas Douzinas & Slavoj Žižek, London and New York: Verso, 2010, p. 35.

❷ Bruno Bosteels, "The Leftist Hypothesis: Communism in the Age of Terror", in *The Idea of Communism*, Costas Douzinas & Slavoj Žižek, London and New York: Verso, 2010, p. 59.

❸ Bruno Bosteels, "The Leftist Hypothesis: Communism in the Age of Terror", in *The Idea of Communism*, Costas Douzinas & Slavoj Žižek, London and New York: Verso, 2010, pp. 65 – 66.

❹ Etienne Balibar, "Communism as Commitment, Imagination, and Politics", in *The Idea of Communism* 2, Slavoj Žižek, London and New York: Verso, 2013, p. 15.

❺ Alain Badiou & Peter Engelmann, *Philosophy and the Idea of Communism: Alain Badiou in conversation with Peter Engelmann*, Cambridge: Polity Press, 2015, p. 50.

❻ Jodi Dean, "The Party and Communist Solidarity", *Rethinking Marxism*, Vol. 27, No. 3, 2015, pp. 338 – 339, http://dx.doi.org/10.1080/08935696.2015.1042701.

美国科罗拉多州立大学政治科学系教授布拉德利·J. 麦克唐纳指出："'交往资本主义'（狄恩关于资本主义的术语，为信息技术紧密地建构）限制的不只是扩大这些可能性，因此，从她的视角来看，实际上是剥夺了焦点、组织、持续性的政治能量，并且对于作为一种运动和斗争的共产主义将很重要。"❶

那么，在他们看来，共产主义在今天的内涵应该是什么呢？

巴迪欧认为，共产主义的内涵主要有四个方面：（1）今天"自由"和"民主"与资本主义私有制紧密相连，必须彻底消灭资本主义私有制，因此共产主义是对资本主义现实的分析和批判。（2）按照马克思的设想，未来社会是自由人的联合体，私有财产和寡头统治没有必要。在此，共产主义是一种历史假设。（3）资本主义统治是全球性的，反抗这种统治的革命政治也应该是世界性的。共产主义在此意味着全世界无产者的联合，是一种政治组织原则。（4）共产主义意味着实现真正解放和完全平等的目标和理想。

而乔蒂·狄恩在其著作《共产主义视域》中则认为，共产主义概念有六种可能的意义：苏联体制；一种现实运动；人民的主权；共同品或公共物；彻底平等的理想；苏联式共产党。作为一种政治理念，共产主义要求实现"人民主权"，因此，恢复共产主义视域，就是要恢复人民主权在民主斗争中的核心地位。❷

激进左翼的共产主义概念虽然与全球化以来的群众反抗斗争密切相关，但其理论和政治弱点也是很明显的。其理论上依赖于后现代主义，政治上依赖于无政府主义。❸

综上所述，"新共产主义"的理论诉求，主要表现在为资本主义寻找替代者和为共产主义"正名"两个方面。

---

❶ Bradley J. MacDonald, "Jodi Dean, The Communist Horizon", *Book Reviews*, 2013, p. 319.
❷ 《国外马克思主义研究报告 2014》，北京：人民出版社 2015 年版，第 29 页。
❸ 《国外马克思主义研究报告 2014》，北京：人民出版社 2015 年版，第 32 页。

1.2.3 "新共产主义"之"新"

为什么要把 2009 年伦敦会议以来以"共产主义"为主题的一系列学术会议和学术观点称为"新共产主义"呢？"新共产主义"是 2008 年以来西方左翼激进政治思想家针对金融危机以来资本主义政治经济危机的批判性反思，用共产主义来思考资本主义的替代者问题。"新共产主义"代表人物对传统共产主义理论的经典范畴进行了新的解读，并赋予其新内涵。

1.2.3.1 此"新共产主义"不同于法国共产党的"新共产主义"

说起"新共产主义"，人们自然会想到 20 世纪 90 年代法国共产党提出的"新共产主义"理论。

20 世纪 70 年代以来，法国共产党坚持的"法国色彩的社会主义"遭到挫折，苏东剧变给法国共产党带来了更大的理论挑战。虽然该党早期就开始探索适合法国的社会主义道路，具有比较丰富的政治智慧和比较突出的创新精神，但是由于复杂的历史原因，该党失败的教训似乎多于成功的经验。世纪交替，法国共产党正处在新老交替的关键时刻，时代赋予新一代法国共产党人更重要的历史使命：把马克思主义基本原理与法国具体实际结合起来，建立适合法国国情的社会主义发展理论。

苏东剧变后，世界社会主义运动处于低潮之中，国际政治经济形势的发展更加复杂多变。面对新时代和新挑战，法国共产党在新的实践中，于 1996 年提出了"新共产主义"理论。

法国共产党"新共产主义"理论的精髓是"超越马克思"。"超越马克思"的实质是发展马克思主义，要求恢复理论与实际相结合的原则，在理论上主要表现为对苏联模式的彻底否定，提出"超越资本主义"的新观点，探索共产主义的历史发展阶段，重新认识暴力革命手段，主张建设现代化的共产党。

1999 年法国共产党提出共产主义新规划,一方面是"新共产主义"理论发展的产物,另一方面从宏观上指明了"新共产主义"改革的方向。共产主义新规划指出,合作与分享是共产主义的目标,个人价值是社会变革的动力。共产主义新规划制定了革新政权的策略、新左翼联盟的政策、经济与社会的改革纲领。

法国共产党"新共产主义"理论与实践的特点主要表现为四点:创新马克思主义与坚持马克思主义的统一性;实现共产主义与超越资本主义的合理性;变革旧的思维模式与保留优秀传统的继承性;充分展现个性与生动表现一般的辩证性。

法国共产党"新共产主义"理论和实践,对国际共产主义运动具有重要意义。它重新确立了马克思主义世界观的指导地位,对欧美各国社会主义运动的复兴产生了深刻影响;给法国共产党注入了新的生机与活力,推动了法国共产主义运动的发展;对欧美等地区的马克思主义研究是一个有益的尝试。❶

事实上,本书所说的"新共产主义"是 2008 年以来西方左翼激进政治思想家针对金融危机以来资本主义政治经济危机的批判性反思,用共产主义来思考资本主义的替代者问题。可见,本书所说的"新共产主义"与法国新共产主义还是有区别的。

1.2.3.2 "新共产主义"是国内外学者赋予该观念的标志性符号

"新共产主义"这一名称不是笔者的发明,而是对国内外学者观点的沿用。"新共产主义"是国内外学者赋予该观念的一个标志性符号。

与经典共产主义理论相对应,艾蒂安·巴里巴尔在 2011 年召开的纽约会议上提交的论文《作为承诺、想象力和政治的共产主义》中,把以齐泽克和

---

❶ 本部分内容参考了李周的著作《法国共产党的"新共产主义"理论与实践》,北京:中国社会科学出版社 2006 年版。

巴迪欧为代表的左翼理论家们关于共产主义观念的讨论称为"新共产主义"。❶
再比如，约瑟夫·G.拉姆齐在《引证红色视域：共产主义条件的假设——狄
恩共产主义视域的批判性反思》一文中，将2009年伦敦"共产主义观念"的
国际学术会议讨论称为"新共产主义哲学"内的争论，指出："狄恩的《共产
主义视域》可能在面对最近政治运动和政治形势的紧迫问题时，是最接近和
最吸引民众的，尽管它使人们在所谓的新共产主义哲学内的许多争论更为清
楚，但《共产主义视域》应该值得超越这样的范围，任何对当前资本主义世
界秩序极不满意的人都值得去阅读和讨论。人们最近的讨论比较恰当地描述了
狄恩的书是一种'为了所有人的理论'。"❷ 又比如，艾伦·约翰逊在《新共
产主义：恢复乌托邦的妄想》中多次用"新共产主义""新共产主义者"
"新共产主义观念"来指称2009年以来的这一观念，将齐泽克、巴迪欧等人
称为"新共产主义者"，并将以他们为代表的"新共产主义者"称为"新的
学派"。❸

在国内，《国外马克思主义研究报告2013》多次提到"新共产主义"。在
"总报告"中，汪行福指出："针对来势汹涌的新共产主义浪潮，一些马克思
主义者持谨慎的肯定态度，而自由主义和社会民主主义则持激烈的批判态
度。"❹ 汪行福认为，约翰逊的文章《新共产主义：恢复乌托邦的妄想》针对
的是整个新共产主义的思想群体，并认为"新共产主义"在左翼理论界中占
了上风。在蓝江的《新共产主义之势——评乔蒂·狄恩〈共产主义地平线〉》
中，也可以看到"新共产主义"的提法和相关论述。❺

综上所述，国内外学者把以齐泽克和巴迪欧为代表的，把"回到共产主
义""共产主义复兴"作为核心主张的左翼理论家们关于共产主义的论述、讨

---

❶ Slavoj Žižek, *The Idea of Communism* 2, London and New York：Verso, 2013, p.14.
❷ Joseph G. Ramsey, "Citing the Red Horizon：Assuming the Communist Condition：Critical Reflections on Jodi Dean's The Communist Horizon", *Socialism and Democracy*, 2013, Vol. 27, No. 2, p. 2.
❸《国外马克思主义研究报告2013》，北京：人民出版社2013年版，第335－342页。
❹《国外马克思主义研究报告2013》，北京：人民出版社2013年版，第19－20页。
❺《国外马克思主义研究报告2013》，北京：人民出版社2013年版，第22－24页。

论和争论称为"新共产主义"。"新共产主义"首先在理论领域特别是哲学领域兴起。

1.2.3.3 "新共产主义"新在何处

对于"新共产主义"新在何处，可以从以下不同的视角进行理解。

第一，在新的历史条件下，后工业时代的网络技术和非物质劳动形式出现，左翼理论家们针对当代资本主义社会新出现的社会现象、社会矛盾、生产方式、交往方式、阶级理论等问题进行了研究，在此基础上对经典共产主义理论的范畴进行了新的解读，并赋予了新的内涵。

第二，在新的社会条件下，资本主义金融危机爆发，新社会运动兴起，左翼理论家们对新的实践进行了分析，新实践催生了新理论。

第三，在当代资本主义国家，激进左翼理论家普遍被边缘化，以齐泽克、巴迪欧为代表的理论家使资本主义的替代者问题重回讨论的中心，在西方社会掀起了一股崭新的潮流。

第四，传统左翼普遍陷于忧郁的困境，理论家们克服了左翼的忧郁，对共产主义进行了积极探讨，走出了困境，开创了新的境界。

第五，在西方资本主义国家，由于长期的反共产主义意识形态宣传，提到共产主义，人们容易联想到斯大林模式。"新共产主义"代表人物的理论诉求就是为共产主义正名，也只有得到正名的共产主义，即"新共产主义"可以作为名正言顺的资本主义的替代者。

第六，从主观方面来看，左翼理论家们虽然有时候同意并引用马克思恩格斯的观点，但他们有自己的独立思考，提出了许多新观点和新主张。

总的来说，在新的历史条件和社会条件下，"新共产主义"理论家对新的实践进行分析，对经典共产主义理论的范畴进行了新的解读，并赋予了新的内涵。他们走出了忧郁和被边缘化的困境，有意识地进行独立思考，为共产主义正名。"新共产主义"的兴起和发展与以上分析的几个要点密切相关。

第 2 章 "新共产主义"的共产主义理念

面对"新共产主义"代表人物形形色色的理论和观点，要概括出"新共产主义"的基本观点，首先必须搞清楚在他们眼中什么是共产主义，搞清楚他们的共产主义基本观点和根本看法。也就是说，"新共产主义"的共产主义观是研究的基本问题，也是研究的逻辑起点。

"新共产主义"尽管在理论诉求上赞成"共产主义"一词，但左翼理论家在理解上却存在巨大的差异，围绕共产主义有许多争论。共产主义究竟是什么？是一种战略性的假设？一种批判性的观念？一种解放运动？此处主要介绍三种具有代表性的观点：共产主义假设、共产主义现实性和共产主义视域。

2.1　共产主义假设

一部分学者认为共产主义是一种战略性的假设，不是一种真正的运动。其中具有代表性的是阿兰·巴迪欧和朱迪斯·巴尔索的观点。

2.1.1　马克思主义的革新在于共产主义的战略性假设

20世纪90年代末期，阿兰·巴迪欧的哲学理论在政治思想、社会分析、美学理论、文学与艺术研究、精神分析等领域产生了广泛影响。对共产主义假设问题的探讨,不仅有助于对重返世界舞台的共产主义运动的实际问题得出结论,而且可以在适当的时间重新评价巴迪欧自己。

2.1.1.1 失败总是非常接近胜利

总体来讲,四十年来巴迪欧的思想具有连贯性。也就是说,在《共产主义假设》这本著作中提出的"共产主义假设"概念,不能被理解为巴迪欧思想中最近的回归或者全新的运动。早在 1985 年的论文《政治能被思考吗?》中,巴迪欧就提出,共产主义是一种战略性假设。他在总结马克思主义革命主题时指出:"马克思主义的革新……在于共产主义的战略性假设……"❶ 巴迪欧主张今天共产主义假设终于回到议事日程,针对右翼对"共产主义失败"的渲染,他首先进行了批判,借此确定了"共产主义假设"的论调,并且对"失败经历"进行认真反思和肯定,认为"失败总是非常接近胜利"。❷

巴迪欧在相对意义上对失败进行了肯定。一方面,必须支持"共产主义假设",它提醒我们"现存世界不是必然的",也就是说,"如果我们接受极端的资本主义经济和支持它的议会政治的必然性,那么很简单,我们就看不见我们身处其中的内在现实的可能性";❸ 另一方面,巴迪欧坚持认为,"我们必须设法保持我们语言中的词语……我们必须能继续说'人民''工人''废除私有财产',等等……"❹ 这两个维度不应该被认为是矛盾的。

2.1.1.2 共产主义的含义

巴迪欧认为,共产主义在当代具有四种含义:(1)由于"自由"和"民

---

❶ 转引自 Gavin Walker, "The Dignity of Communism: Badiou's Communist Hypothesis", *Socialism and Democracy*, Vol. 25, No. 3, November 2011, p. 131.

❷ Badiou, *The Communist Hypothesis*, London and New York: Verso, 2010, p. 31.

❸ Badiou, *The Communist Hypothesis*, London and New York: Verso, 2010, p. 64.

❹ Badiou, *The Communist Hypothesis*, London and New York: Verso, 2010, p. 64.

主"已经与私有财产紧紧地铆在一起,按照《共产党宣言》,必须彻底消灭私有制,共产主义在此是分析和批判现实的一个视角。(2)按照马克思的解放理想,未来社会是自由人的联合体,私有财产和寡头统治是不必要的,共产主义在此是一种历史假设。(3)资本主义统治是全球性的,反抗这种统治的革命政治也应该是世界性的。共产主义在此意味着一种政治组织原则。(4)最后,真正的解放是完全摆脱财产权和等级制限制的完全平等,共产主义在此意味着这样的目标和理想。显然,巴迪欧在此对共产主义的阐述超越了他以前的思考,更好地把握了"共产主义复兴"的意义。❶

2.1.1.3 共产主义是与现实性相分离的假设

巴迪欧强调了共产主义观念的重要性,他论证道:"简而言之,我们必须足够勇敢地拥有一种伟大的观念。……我们生活于其中的全球和自大的资本主义世界正把我们带回 1840 年代和资本主义诞生的时候。"❷ 巴迪欧认为,不应该一味地追求经济利益,而应该支持并拥有共产主义观念。

在强调共产主义观念重要性的基础上,巴迪欧认为,共产主义是一种与现实性相分离的假设,认为维持共产主义观念或假设与现实相分离的距离是预设的任务,如果不是唯一的,至少对哲学来说是根本的。❸ 正是因为巴迪欧的观念或假设和现实性的分离,他的两位最亲近的支持者巴尔索和鲁索疏远了他的主张。他们认为,如果对哲学家来说是一种可能的假设,共产主义就不再是一种社会理想或军事政治的假设。❹

---

❶ 《国外马克思主义研究报告 2014》,北京:人民出版社 2015 年版,P27 - 28。
❷ Badiou, *The Communist Hypothesis*, London and New York:Verso, 2010, pp. 66 - 67.
❸ 转引自 Bruno Bosteels, *The Actuality of Communism*, London and New York:Verso, 2011, p. 30.
❹ 转引自 Bruno Bosteels, *The Actuality of Communism*, London and New York:Verso, 2011, p. 31.
鲁索观点见 *The Idea of Communism*, p. 180, p. 190. 巴尔索观点见 *The Idea of Communism*, p. 31.

2.1.2 共产主义假设是一种政治假设

朱迪斯·巴尔索在 2009 年伦敦会议提交的论文《现身当代，共产主义：一个可能的哲学假设，一个对政治而言不可能的名称？》中阐发了他关于共产主义假设的基本观点。他对巴迪欧的共产主义假设基本上持否定态度，这从他文章的题目中就可以看出。

2.1.2.1 必须确定政治和哲学的新型关系

巴尔索提出了共产主义假设的三层含义：（1）共产主义假设是一种政治假设。（2）这种假设尚未发现它一直在寻求的路径，即为了所有人而存在的政治能力。（3）承认这种政治的僵局，并不是返回到政治的无能为力或返回到已经建立的服从和统治结构。相反，其目标是为政治意志迈向"为了所有人的政治"开辟新路。基于这一认识，巴尔索提出，必须确定政治和哲学的新型关系。

朱迪斯·巴尔索指出，如果哲学希望对共产主义假设的问题发表意见，它就不能忽视它是一种政治假设这一事实。它原先作为一种乌托邦的假设，一种追求平等意志和建立远离内部各种叛乱和起义的政权的行动而存在。这种政治有必要将其任务定义为结束统治，也就是说，其目标是积极的和解放的，不是为了某一阶级或组织的人民，而是"为了整个人类"，或者更简洁地说，是"为了每个人"。

对于马克思、列宁来说，政治紧密地与共产主义相联，共产主义也紧密地与政治相联。共产主义与政治是不能分割的。如果我们想对共产主义假设发表意见，就需要对这种互为一体的"政治/共产主义"进行思考。因此，共产主义假设是重要的政治假设，仅仅从哲学层面进行思考是远远不够的。

朱迪斯·巴尔索认为，在哲学领域，与政治相关的哲学研究应该被取代。因为从现在开始，不管我们喜欢与否，我们都处于作为政治假设的共产主义假设的"余波"中。我们在什么意义上声称共产主义假设是一种政治假设？长期以来，共产主义是由政党和国家维持的。因此，政治存在于一系列组织过程及思想倾向中。

基于此，巴尔索提出了在共产主义中进行哲学研究的两种路径：第一，在哲学内部，致力于哲学和政治的分离，让政治返回到政治本身。因为这一点上的任何混乱都会通过取代研究的场所来延迟新政治的进程。第二，要研究"政治"一词，而不是仅仅坚持解放政治假设的"共产主义"一词。

2.1.2.2　共产主义假设是一种双重假设

巴尔索认为，共产主义假设是一种双重假设。它清楚地表达为两部分，一是由无产阶级革命组成的历史部分，一是关于国家的共产主义假设，通过私有财产的废除和国家的消亡向共产主义过渡。

经验表明，当今世界国家的政治能力发生了变化并采取了新形式，远未消亡。国家不应被构想为减少政府及其压迫和管理的机构。国家还创造了许多组织人民的不同方式：政党、工会、社团、媒体、投票选举、民意……❶

综上所述，我们可以看出，巴迪欧共产主义假设的概念在某种程度上冒了非现实性的风险。巴迪欧在《共产主义假设》中是这样界定共产主义的："它就是康德所称的一种观念，具有调整的功能，而非一项计划。"❷ 几个月后，在伦敦举行的关于"共产主义观念"的会议上的讲话中，巴迪欧部分地放弃了这种言论。这或许是为了回应齐泽克的一些异议，他缓和了早期的言论，转而声称"共产主义观念是在真实和符号之间的有效的调解"❸。

丹尼尔·本赛德也反对巴迪欧共产主义假设的构想，认为假设性的共产主

---

❶ Judith Balso, "To Present Oneself to the Present The Communist Hypothesis: A Possible Hypothesis for Philosophy, an Impossible Name for Politics?", in *The Idea of Communism*, Costas Douzinas & Slavoj Žižek, London and New York: Verso, 2010.

❷ Badiou, "The Communist Hypothesis", *New Left Review*, Vol. 49, JAN/FEB 2008.

❸ Alain Badiou, "The Idea of Communism", in *The Idea of Communism*, Costas Douzinas & Slavoj Žižek, London and New York: Verso, 2010, p. 8.

义将理想与现实、哲学与现实性分割开来。本赛德在《共产主义假设》的书评中指出:"现在,对我们来说没有外在性,没有绝对外在于关于制度的政治、关于历史的事件、关于观点的真理。外在总是在内的。从内部爆发的矛盾,政治不在于躲避它们,而在于把自己契入它们之中,以便把它们带到破裂和爆炸之点。"❶

巴迪欧的《共产主义假设》向我们展示了共产主义的政治历史在多大程度上是不可否认的,他的"假设"告诉我们,对革命政治的连续性的新理解是对挫折这一事实的肯定把握,是维护和保持共产主义事业的基本尊严。❷ 共产主义是对资本主义的系统替代——不是改良的、人道化的、经过了调节的资本主义,而是完全不同的社会秩序。从这一立场出发,巴迪欧提出共产主义观念,意味着把资本主义的替代者问题提上了议事日程。但是,巴迪欧的共产主义观念是抽象的、思辨的,并不能满足当前反资本主义斗争的需要。

从总体上来讲,巴迪欧认为共产主义假设是一种哲学假设。巴尔索并不认可巴迪欧的观点,认为共产主义假设是一种政治假设,应该致力于哲学和政治的分离,让政治返回到政治本身。巴尔索的这一理论探讨有比较重要的现实意义。不仅如此,巴尔索与"新共产主义"代表人物之间进行的关于共产主义假设与现实性的讨论以及他们之间的争论,一方面有助于理论的自我澄清与相互借鉴,最终形成共同的理论团体;另一方面,共产主义是作为现实的运动被实现和组织的,而共产主义可能被组织和体现的最好方式恰恰是受到质疑和引起争议,最好途径恰恰是质疑和争议引发的广泛关注和产生的理论成果。

---

❶ 转引自 Bruno Bosteels, *The Actuality of Communism*, London and New York: Verso, 2011, p. 17.

❷ 参见 Gavin Walker, "The Dignity of Communism: Badiou's Communist Hypothesis", *Socialism and Democracy*, Vol. 25, No. 3, November 2011.

2.2 共产主义现实性

关于共产主义是什么，一部分学者认为共产主义是具有现实性的批判性观念。其中具有代表性的是波斯蒂尔的共产主义现实性。

2.2.1 应在理论与现实间思考共产主义

2011 年，波斯蒂尔出版了《共产主义现实性》一书，除介绍和结论部分外，内容包括五部分：本体论转向，政治、次政治与非政治，左翼主义及其不满，寻求行动，共产主义的现实性。其中，第五部分"共产主义的现实性"是该书的落脚点，也是波斯蒂尔观点的核心部分。

今天，共产主义的现状是什么？巴迪欧强调，共产主义观念应与政党、国家和共产主义运动相脱离，同时避免被任何实际上寻求采取和行使权力的主题所污染，显示出更少现实性。而波斯蒂尔则从不同的维度为人们将共产主义现实性作为一个主题进行思考提供了切入点。

波斯蒂尔肯定共产主义的现实性，正如他所说的，"我宁愿在理论与现实间思考它"[1]。他赞同马克思和恩格斯在《德意志意识形态》中关于共产主义的论述，即共产主义对我们来说不是应当确立的状况，不是现实应当与之相适应的理想，我们所称为共产主义的是改变现存状况的现实的运动。[2] 波斯蒂尔在反对现存事物的社会和政治秩序的运动中定义了共产主义，并以此来说明作为取消事物现状的真正运动的共产主义现实性。

波斯蒂尔理解的现实性包括可能性、潜在性、否定性、思考以及未实现的

---

[1] Bruno Bosteels, *The Actuality of Communism*, London and New York：Verso, 2011, p. 19.

[2] Bruno Bosteels, *The Actuality of Communism*, London and New York：Verso, 2011, p. 19.

潜力。波斯蒂尔从马克思恩格斯合著的《德意志意识形态》中吸收了共产主义是一种消灭现存状况的现实运动的观点,他的独特贡献就是将当代左翼思想运动中未意识到的潜力阐述为共产主义的现实性。他没有对碎片化的事件失望或愤世嫉俗地对以往的左翼不屑一提。相反,他利用一些对立的观点和以往左翼的错误来重新思考共产主义,认为左翼失败不只是一种失败,同时也是共产主义现实性不可否认的一个维度,是当前共产主义改变、赞同和重塑自己的维度。

波斯蒂尔指出,巴迪欧直接将无形的群众或下层人士的异议用来反对国家的压迫机制,这正是共产主义观念的任务。波斯蒂尔赞同并引用了本赛德关于共产主义的阐释,即"共产主义既不是一个纯粹的观念,也不是一种教条的社会模型;既不是国家政权的代名词,也不是新生产方式的代名词。它是永远克服已有秩序的运动的代名词。但是,它也是一个目标,与没有原则的政治、没有结果的行动不同。它不是关于得到其目标和道路的科学知识,而是一种战略调整的假设,是在资本主义年代寻求推翻现存秩序的持久运动,以及将这种运动引向一种财产和权利关系转换的假设"❶。波斯蒂尔认为,没有国际化,共产主义不可能也不会是真实的;共产主义在原则上是国际的,是国际意识形态。

2.2.2 共产主义是变革资本主义的现实运动

当代政治理论最令人兴奋的开端是共产主义的开端。"共产主义现实性"通过对著名的左翼主题和思想家的批判性交锋,扩展了这一开端。"共产主义现实性"提出了一幅由历史、政治和批判推动的更加活跃的国际共产主义图景,用新的激进、组织和资本的终结重新点燃了共产主义的政治理论。

"共产主义现实性"批判地吸收了当代政治理论中一些最杰出思想家的观

---

❶ Bruno Bosteels, *The Actuality of Communism*, London and New York: Verso, 2011, pp. 283 - 284.

点并超越了他们，重新将共产主义调整为不仅仅是一种假设和斗争，更重要的是作为有号召力、有组织的、为争取解放和平等的政治运动的确证。

波斯蒂尔认为，共产主义把反对资本主义和替代资本主义合二为一，即共产主义不是对资本主义的简单否定，也不仅仅是给社会运动提供政治愿景，而是要对资本主义进行历史性变革。这就是波斯蒂尔所指的共产主义现实性。共产主义现实性与共产主义观念并不是绝对对立的，共产主义观念内在地包含了现实性的可能性和潜在性，现实性体现了共产主义观念的力量。

2.3　共产主义视域

关于共产主义是什么，"新共产主义"部分代表人物认为共产主义应该是理论见之于实践的解放运动。其中最具代表性的是乔蒂·狄恩的共产主义视域。2012年，狄恩出版了《共产主义视域》一书，在学界掀起了一场"狄恩风暴"（Dean Scream）❶，着眼于阐发共产主义理论与共产主义实践之间的关系。

今天，共产主义正以一种复兴了的共产主义观念的学术拷问的方式在流传。它最近的情势，体现了今天激进政治重建的重要性。现在，政治理论正沿着反思共产主义主题的轨迹，受到阿兰·巴迪欧、齐泽克、哈特、奈格里和其他理论家的鼓舞，"共产主义视域"理论正是在这种情势下进入这一丰富的理论领域的。

2.3.1　视域是定位方向和道路的界线

乔蒂·狄恩在《共产主义视域》中指出，共产主义概念有六种可能的意

---

❶　http：//www.versobooks.com/blogs/1178－we－re－going－ahead－and－calling－this－the－dean－scream.

义：苏联体制、一种现实运动、人民的主权、公共品或公共物、彻底平等的理想、苏联式共产党。作为一种政治理念，共产主义要求实现"人民主权"，因此，要恢复人民主权在民主斗争中的核心地位。❶

除了序言，狄恩将她关于"共产主义视域"的论述分为"我们的苏维埃""代表力量""人民的主权""公共和民众""欲望"及"占有和政党"六章，每一章都设计了一种特殊的条件、困境和定义。她的全面分析主要涵盖了三个问题：共产主义是怎样构成美国政治和文化的一种特性的？我们能够用什么样的概念来重新指称共产主义主体？我们如何理解当前共产主义的可能性？

2.3.1.1 共产主义视域概念的由来

加西亚·利内拉认为，总的时代的视域是共产主义的。共产主义必将建立在社会自我组织能力的基础上，建立在社会成员的生产和分配过程、自我管理财富的基础上。平等是基本的，因为它打破了一连串的结构性不平等。我们带着期待和渴望着眼于共产主义视域来参加这项运动。这一术语在社会意义上标志着运动的范围。❷

乔蒂·狄恩借鉴了加西亚·利内拉的共产主义视域概念。她指出："'视域'不是标志着失去的未来，而是我们永远不会失去的经验的维度。视域是真实的，不只是在不可能的意义上——我们永远不可能达到——而是在真实的格式、条件和我们设置形成的意义上。"乔蒂·狄恩解释说，"我们会失去导向，但视域是一个必要条件或塑造我们的现状。视域是确立我们所在的基本分割"❸。

2.3.1.2 共产主义视域的内涵

为什么共产主义对狄恩而言是一种视域？共产主义视域意味着什么？或

---

❶ 《国外马克思主义研究报告 2014》，北京：人民出版社 2015 年版，第 29 页。

❷ Bruno Bosteels, *The Actuality of Communism*, London and New York：Verso, 2011, pp. 226 – 227.

❸ 转引自 Bruno Bosteels, *The Actuality of Communism*, London and New York：Verso, 2011, p. 228.

者，强调共产主义独一无二的可能会是什么？在狄恩看来，共产主义视域有四个方面的内涵。

第一，所有人都能平等地获取视域。视域不是任何特殊组织或血统的特性或专利，它属于每一个人。在全球意义上，它也不属于任何国家。

视域不管人们如何大步走向它，它总是保持遥远，保持一种渴望。视域是宽广的，有许多可以到达的不同路径。事实上，没有一个单独的人或组织能够控制或拥有它。然而，尽管人们无法到达视域，但它能帮助定位我们在哪里。依靠视域，我们可以确定前面是哪里，它决定了我们想去的方向。

关键是，朝向共产主义视域将使人想起在当下似乎并不明显的希望和可能。视域在心中，将眼光置于视域，就会防止迷失方向，防止被消灭，防止深陷我们直接的环境、机构或斗争。我们绝不应忘记，我们的努力方向是发现一个平等的世界，是全人类的联合，其中每个人的自由发展是一切人自由发展的条件和路径。共产主义可能只论及此岸，它必须寻求连接此岸与彼岸。

第二，我们依靠视域来定位前进的目标和道路。面对环境问题及全球不平等加剧等日益严重的资本主义危机，人们期盼视域。

世界范围内兴起大量的民众运动，从"阿拉伯之春"到欧洲的反紧缩斗争，到孟加拉国的工人抗议。这些运动印证了阿兰·巴迪欧所谓的"历史的重生"，使人们回想起行动起来的群众反抗，甚至想到推翻占统治地位的政权的潜力。着眼于共产主义视域，对于人们保持对激进社会转向的希望非常重要。

第三，对人类来说，共产主义视域意味着资本主义的各种限制正是共产主义的社会潜力。人们在对资本主义矛盾和问题的考察中构想出共产主义的潜在轮廓，资本主义的矛盾和问题是通向共产主义的推动力量。

第四，共产主义视域给我们提供了将必然和偶然、普遍性和特殊性结合起来思考的图景。一方面，对共产主义的这种渴望需要作为目标被保存；另一方面，人们对正确的共产主义路径的探索可能会经历不同的道路。这样一来，视域就变成了一幅将革命的乌托邦主义与政治的实用主义统一起来的图景。它重在提出问题，而不只是提供答案。或许，共产主义视域对我们来说是一个合适的形象。共产主义视域在我们心中，问题不是我们该去哪里做共产主义工作，而是应该如何探索现在我们正在做的工作。不管在哪里，我们都在共产主义的路上。总之，我们不仅仅在寻求视域，我们还在帮助形成视域。

2.3.1.3 "首要的"共产主义视域

狄恩认为，"首要的"共产主义视域是尽可能地创造合作和平等的社会转变，它包括相互联系的四点：（1）资本主义本身是建立在不断增长的（虽然是拒绝承担责任的增长）社会劳动基础上的系统，是将人们集中在一起并且以新的方式释放当前强大且危险的生产力的系统。（2）这个系统基本上保持了能够满足人类巨大需求的能力。（3）人类能够思考、期望、想象，并且希望以这种方式超越资本主义系统的局限。（4）我们的需求是满足别人的需求，这在我们的能力之内，甚至可能构成我们本性的完整部分；我们在另外一个人身上看到的基本上与我们自己很相像，我们正是通过别人反观自己的。

这些观点表明了世界共产主义联合和组织的潜在性与必然性。建立在这四点的每一点上，共产主义能够代表无休止的斗争表达日益增长的、明显的相互承认：（1）资本主义或社会主义社会生产的集体本性；（2）就人类需求而言，资本主义的致命缺陷；（3）人类具有思考的能力，可以超越对资本主义的盲目崇拜，超越资本主义带来的碎片化、孤立化、市场化和精神麻木；（4）人类需求的互惠和自我反射的本性。

"首要的"共产主义视域，不能被设想为一种状况或任何东西，而是人类集体的可能性。乔蒂·狄恩将其表述为"为了集体愿望的集体欲望"，这种欲望代表了强烈反对资本主义规则，其目标是为人类产生新坐标。

对狄恩来说，共产主义视域代表了我们尽可能体验到达的基本界限，并且既不能躲避，也不能穿越我们绝不会失去的实践维度。狄恩认为，不管我们承认与否，视域形成了共产主义之势。狄恩把视域比作现实，在与拉姆齐的对话中，她没有将其比作终点，而是一个条件。在这样的条件下，平等政治才是唯一可能的政治条件。

共产主义理想不能马上到达并采取行动，乌托邦不是在想象的蓝图的意义上被强加于现实的，而是为我们提供新坐标及灵感。通过这些，我们可以一起研究这些条件，坚持视域可以展现主体视角的转变。这些研究虽然根植于客观现实，但允许我们发挥想象，并因此寻求现实化，超越资本主义体系形式上的自由。至少，这种转变允许我们在思想上解决某些经常阻止我们敢于将潜在性现实化的思想与实践。

狄恩将她的观点根植于加西亚·利内拉的论点，即时代的一般视域是共产主义。对于利内拉而言，共产主义决定了政治的现实性。狄恩早就注意到利内拉并没有认识到他必须为自己的论点提供证据；而且，他将共产主义视域假设为政治之势的一个特征，好像它是世界上最自然的事情。狄恩将共产主义阐释成视域，显示了它的自然与永恒，它在某种程度上是一种独立的生产力或特殊历史时刻的状况的可能性，同时也是历史的和永恒的。

2.3.1.4 为共产主义进行辩护

狄恩为共产主义进行了辩护。实际上，任何为了社会公正而严肃斗争的人都应该对此感兴趣。狄恩认为，实际存在的苏联是精力充沛的实体，它以变化为特征，以国内矛盾和斗争以及外部压力和历史偶然性为条件。狄恩肯定苏联有许多引人注目的成就，从击溃纳粹的全面进攻到在最严峻的条件下快速实现工业化，再到国内大踏步向经济安全和平等迈进。她认为，正是苏联的存在给现存资本主义国家造成了压力。

然而，狄恩注意到，在标准的反共产主义的论述中，共产主义好像被当作了固定的事物。狄恩指出，在很多情况下，说苏联体系的哪一方面是其内在本质、哪一方面是由外部压力引起的，仍然是不可能的。

2.3.1.5 对占领华尔街运动的分析

虽然共产主义组织缺乏群众基础，但是共产主义继续在美国构建政治和意识形态。正如狄恩所指出的,在巨大的金融危机、大衰退以及银行救市的时期,银行救市打碎了资本主义国家服务和代表人民的梦幻。当美国政府摆脱金融领域的困境时,国家作为阶级力量的工具已经变得不可否认。随着华尔街摆脱困境,这个国家数以百万的人民正在觉醒,将美国政府视为资产阶级的执行委员会,超级富翁即 1% 的人的用人。

基于此观点,狄恩发现,资本家和政治家不断努力反击和指责人民的过激行为,人民可能再次在他们的权力范围内变为一种政治力量的认同。不管何时何地,只要他们愿意,人民就有力量反对、抵抗和限制资本。人民可能被抛向更加激进的政治认同。问题是人民的要求不是太多,而是太少。

确实,占领运动提供了社会各阶级广泛交流的语言,这种语言是大众的、易于理解的和广泛认同的。在这种背景下,主流意识形态、政治家、权威人士及人民群众自身中存在的保守思想和实践正不断地忙于掩盖阶级本性,忽略主要的敌人即资本主义和资产阶级,并使人民(或者 99% 的人)以反对自己的方式取消对抗。

我们需要反抗种族主义思想和种族主义结构。但是,下层群众不只是控诉上层人的武器,而且是一种分裂内部团结、让一部分群众反对另一部分群众的重要方式。人们被改写为接受福利救济者和被宠坏的公共雇员,阶级斗争被代替为文化区分,后者成为首要的、破坏性的对立。

狄恩提出的将"富人"(The Rich)与"其余的人"(The Rest of Us)作为首要的矛盾,有助于我们理解美国社会的对立和斗争。然而,在这种广泛的阶级架构内,特殊的扭曲、混乱及种族危险依然需要直接解决。占领华尔街运动的"99%/1% 的人"或狄恩的"富人/其余的人"(Rich/Rest)的表达法不仅应被视为对当代资本主义现实的揭露,而且应被视为一种新的和强大立场的表达。

狄恩主张,共产主义作为消除资本主义、阶级剥削和统治的激进集体运动最清晰的名称,保留了左翼的核心思想。但在努力奋斗中,我们迷失了自身并消耗了我们的政治能量。除非我们意识到,通过广泛宣传把民众组织起来推翻资产阶级统治是非常必要的。

狄恩对占领华尔街运动进行了思考。一方面，运动的开放性拒绝政党认同，最初吸引了大量不满的人；另一方面，这种开放性带来的包容性又对运动结果不利，妨碍了运动采取强硬立场反对资本主义控制公共资源的能力。更有甚者，包容性变成了自我矛盾。

当狄恩提出"没有政治的政治"时，参加占领运动的人们倾向于承认狄恩洞察到的真理。为了避免政治立场的分裂与对抗，人们将其活动转移到对参与程序的包容与对参与的关注，使得政治斗争的结果还不如斗争过程引人注目。这些左翼将他们的目标称为民主。

狄恩反对将民主作为今天左翼斗争的关键，认为左翼号召越来越完全的、更加直接或更加激进的民主是丧失了共产主义视域的可怜的替代品。一场真正的有广泛群众基础的共产主义运动，不会将其自身局限于合适的被确定的保护之内，或者局限于投票箱内，而是能够对知识分子和激进分子自身的立场提出质疑。❶

2.3.1.6 在批判左翼忧郁中阐明共产主义视域

狄恩对现存左翼由于改良主义的激进方向而放弃共产主义理想的忧郁进行了批判，主张我们必须对传统共产主义的某些核心范畴进行反思。在这方面，人们必须摒弃无产阶级这个政治范畴，发现无产阶级化的政治主体。无产阶级化伴随着一个剥削、剥夺的过程产生了作为靠"其余的人"生活的特权阶级的富人。这一过程包含了政治主体的新范畴，狄恩将这个新范畴称作"其余的人"，与富人相对立。哈特和奈格里提出群氓、多众和大众，狄恩效仿他们提出"其余的人"。狄恩认为先进的资本主义交往方式为其政治主体的构建提供了重要条件。

---

❶ Joseph G. Ramsey，"Citing the Red Horizon：Assuming the Communist Condition. Critical Reflections on Jodi Dean's The Communist Horizon"，*Socialism and Democracy*，Vol. 27，No. 2，2013.

在这种背景下，什么是正在出现的指向共产主义可能性的政治形式？狄恩断言，那就是占领运动表明了用合适的方式（凭借许多平行组织和激进承诺）构建共同体的可能性，团结和朝向共产主义的真正激进行动的构建具有预兆性的空间和实践。当激进的、民主的、无政府主义的左翼被视为一种可憎的事物时，狄恩希望将政党复活为一种切实可行的组织的共产主义实践。❶

当我们面对资本主义的混乱和不公正时，不仅需要一种发于正义的愤慨，也不只是理解资本主义如何产生这些危机，而应寻求共产主义的集体愿望。狄恩不仅将共产主义理解为一个目标——消除阶级划分并满足基本需求——而且把它理解为一种框架条件和主体转换的过程：正在展开的为了集体愿望的欲望，一种能形成政治主体，并将按劳分配和按需分配原则付诸实践的愿望。这一集体愿望包含了为了自我实现而进行奋斗的紧迫性。

狄恩问到，在资本主义社会，谁敢大胆和公开地宣布自己是一个马克思主义者？我们需要共同推翻资本主义，因而我们能够推翻资本主义。为此，我们必须首先从资本主义内部成长。

2.3.2 视域是区分共产主义和资本主义的政治标志

乔蒂·狄恩在与拉姆齐的讨论中，对"共产主义视域"的观点进行了澄清和补充。

2.3.2.1 视域就是共产主义和资本主义之间的根本对立

2010 年在荷兰鹿特丹召开的一次会议上，狄恩听到布鲁诺·波斯蒂尔使用了加西亚·利内拉的术语，她才通过"视域"的隐喻来思考共产主义。鹿特丹会议的主题为"等待政治运动"。这一主题之所以非常令人感兴趣，部分

❶ Bradley J. MacDonald, "The Communist Horizon", *New Political Science*, Vol. 35, No. 2, 2013, p. 319.

的原因是它给人这样一种感觉，不仅共产主义又回到了讨论桌上（这一点在伦敦伯克贝克会议之后就已经非常明确），而且共产主义者的处境完全倒过来了，即来自共产主义取向的争论如此受人欢迎，赢得了学术话语权。

共产主义视域不是从终点的角度讲的。视域是标志我们在哪里的分界线，这一分界线是共产主义和资本主义之间的政治标志。共产主义不是终点，而是政治足以满足人民的需要、要求以及体现人民公共意志的唯一条件。

共产主义视域即共产主义和资本主义之间的根本对立，不是主观的或个人的，而是客观的。共产主义视域不专属于任何人，它是世界现实。

2.3.2.2　共产主义：为了"集体愿望的集体欲望"

综观整个共产主义视域，狄恩提出了"欲望"（Desire）这一概念。从欲望这一立足点出发构想共产主义意味着什么？如何评价政治上欲望的驱动？驱动会导向共产主义吗？

驱动不会导向共产主义，驱动也建构了忧郁。交往资本主义（当代民主及当代传媒网）展现了内驱力的反身结构。现在，对于内驱力的重复具有毁灭性的作用，就如同反馈系统的恶性循环或市场上的泡沫爆炸。齐泽克将内驱力描述为一种创造新事物空间的先前清理。狄恩不同意这一点，认为它没有提供一种政治学。欲望不是内敛化；它向外看，朝向视域。就欲望而言的共产主义观念，承认摆脱反身性的必要性。

在这一点上，狄恩集中思考为了"集体愿望的集体欲望"的共产主义，因为狄恩是就欲望这一内驱力而言将交往资本主义理解为当代资本主义的结构的。

狄恩在著作中引证了马克思的著名的共产主义格言，即各尽所能、按需分配，认为这种原则包含了为其自我实现而奋斗的紧迫性。那么，狄恩是如何从需要的满足和人类能力发展的欲望的立场出发重构共产主义的？在狄恩的思考中，需要和欲望又是如何联系的？狄恩认为问题就在这里：我们知道人们有需求，即使是最糟糕的资本家也知道这一点。政治问题涉及我们与这些需要的关系。这就是欲望和意志的问题。需求被单独还是集体地讲述？欲望，因而包括需要的政治化。

拉姆齐认为，狄恩致力于共产主义作为一种欲望的问题，即为了"集体愿望的集体欲望"，推动我们朝着培育人类自由的方式向前发展，它给了共产主义主体一种积极的倾向，即使是仅仅被定义为欲望，而主体仍然缺位。狄恩提出，这种欲望是一种政治欲望。

那么，共产主义作为满足人类需求以及培育新需求的政治构想与欲望问题之间有什么关系呢？当下将共产主义作为欲望问题来看，可以打开一个缺口，以便人们能自由地想象新的可能性。很多人倾向于批判左翼没有想象力，没有目标，没有思想。作为共产主义者，必须根据共产主义的愿景以及如何实现共产主义欲望的逻辑，从战略和战术上对共产主义进行思考。

2.3.2.3　人民、政党和国家

狄恩主张人民主权，而非人民专政。这里，人民取代了无产阶级，这种转换的主要理论原因是专政是暂时的。为无产阶级专政辩护发生在国家消亡的背景下。国家行为在多个层次上发生，分布着广泛的行动，从检查食物生产到提供空中交通管制，到建设基础设施项目，到监控公共健康，再到收集和重新分配财政收入。这些事情不会消失，也不应该凭借市场被管理。国家是人民处理这些事情的工具。当然，现在不是。现在，国家是资本家保持自身权利的方式。狄恩不赞成国家消亡的主张，认为它们好像指政治的终结。但是，只要有人民，政治就不会终结。

有些人批判狄恩继续坚持或转而依靠政党和国家的术语。狄恩所向往的共产主义运动中的国家与现存的国家机器有何异同？我们主张接管现存机构，并在不同的领导下、不同的方法或重点下管理它们吗？或者，是彻底消灭现存机构并创造新机构吗？狄恩同意齐泽克的主张：没有政党和国家的政治是没有政治的政治。狄恩认为，我们能够意识到有不同的国家和不同类型的政党。当人们反对政党时，是因为他们反对选举政治。

假设法国和意大利政党没有好的经验，并不意味着在当代政治中政党不起组织作用。关于国家，我们能够通过考虑不同的国家机器和功能、它们的分配方式、法律的作用等提升思维。所有现存机构和制度并不需要被取消。同样，法规也一样，只要这种规定是为了维护工人阶级的利益，或许最好的方式是根据需要重新评价所有现存制度，从人民和劳动阶级的立场来看什么值得留下。

当然，这并不意味着没有阶级斗争或不指向阶级斗争。阶级斗争等同于资本主义，没有阶级斗争就没有资本主义。不论人们将阶级斗争看作资本主义对工人主张权力的应对，还是资本主义需要不断地确认，人们是如此的贫困，以至于他们除了出卖劳动力之外别无选择。所以，阶级斗争是既定的。阶级斗争是否导向共产主义，是一个政治斗争和政治意志的问题。

如果有人主张共产主义不是好的选择，那他已经被资本主义意识形态欺骗了。共产主义是我们支持的。共产主义作为资本主义经济或政治替代物的名称，可以对资本主义说不，并且我们认为这是唯一的选择。实际上，面对气候灾难、极端不平等以及资本主义无法满足人民需求时，共产主义便是真理或唯一选择。

狄恩认为，共产主义的历史是一个大问题，丰富而多样，但是绝大部分她根本不知道。狄恩不同意巴迪欧关于政党时代已经过时的主张，认为我们需要以更多的方式思考政党可能是什么，并且能做什么。❶

综上所述，共产主义视域的理论价值至少体现在以下七个方面：（1）坚持和维护对当代政治话语中反共产主义意识形态的尖锐批判。（2）追踪共产主义之路，构成了有益的政治思考。（3）对当代资本主义的交往特性进行了集中思考。（4）对当前共产主义政治主体进行再概念化。（5）关于共产主义作为"集体欲望"的理论探讨。（6）对占领运动富有同情心，但依然对其进行了尖锐批判。（7）主张重构作为21世纪激进政治要素的合法共产党。

---

❶ 参见 Joseph G. Ramsey, "Division and Desire: Jodi Dean discusses The Communist Horizon", *Socialism and Democracy*, Vol. 27, No. 2, 2013, pp. 23 – 41, http：//dx. doi. org/10. 1080/08854300. 2013. 796185.

受乔蒂·狄恩的鼓舞，波斯蒂尔的注意力被吸引到共产主义视域这个概念尚未开发的丰富性上。事实上，即使对于加西亚·利内拉来讲，这个概念不是和远处不断退隐的视域的形象产生共鸣，而是为了产生或再次呈现现实意义，其结果是资本主义不再是世界上唯一的主导力量。❶ 这种转变是对政治放弃和绝望态度的积极打破，在那里，无数美国和欧洲的左翼正处于困境之中。因此，这一激进的意识形态转向有利于理论与实践相脱离的纯粹共产主义观念向政治的回归，有助于左翼摆脱忧郁的困境，具有重要的价值。

与巴迪欧的共产主义假设、波斯蒂尔的共产主义现实性相比，共产主义视域更注重对共产主义实践性的思考，提出告别左翼忧郁之后对新共产主义充满憧憬是实践共产主义的动力，交往资本主义的新剥削形式是共产主义的替代对象，作为新无产阶级先锋队的新的政党则是实践共产主义的领导力量。在狄恩看来，这三个方面正是在新的视域上出现的新共产主义之势。❷

齐泽克称赞乔蒂·狄恩的共产主义视域，认为："今天，这是任何从事解放斗争的人所需要的，即一种独特的具有理论说服力的重构和对我们当前困境的现实评估。对于任何继续停留在自由民主幻象中的人来说，人们都应该简单地告诉他：请阅读乔蒂·狄恩的新书！"❸

另一方面，共产主义视域理论也存在不足。狄恩认为，共产主义视域表明的是共产主义实现的可能性，但她并没有指出共产主义实现的必然性。在此，我们可以对比毛泽东在《星星之火，可以燎原》中对革命高潮快要到来的必然性的论述。毛泽东指出："马克思主义者不是算命先生，未来的发展和变化，只应该也只能说出个大的方向，不应该也不可能机械地规定时日。但我所说的中国革命高潮快要到来，决不是如有些人所谓'有到来之可能'那样完全没有行动意义的、可望而不可即的一种空的东西。它是站在海岸遥望海中已

---

❶ Bruno Bosteels, *The Actuality of Communism*, London and New York: Verso, 2011, pp. 227 - 228.

❷ 参见蓝江：《新共产主义之势：评乔蒂·狄恩〈共产主义地平线〉》，《国外马克思主义研究报告 2013》，北京：人民出版社 2013 年版，第 320 页。

❸ https://www.versobooks.com/books/1991 - crowds - and - party.

经看得见桅杆尖头了的一只航船，它是立于高山之巅远看东方已见光芒四射喷薄欲出的一轮朝日，它是躁动于母腹中的快要成熟了的一个婴儿。"❶ 毛泽东和狄恩的认识对象相似，但在认识事物的方法上有着重要的区别。毛泽东在认识事物的发展过程时运用了唯物辩证法，把事物发展的可能性和必然性有机地结合了起来，使人们对事物的未来发展充满信心。而狄恩却只考察了可能性，没有考察必然性。这就是毛泽东作为马克思主义者和共产主义者与当代西方左翼的重要区别。

概括来讲，这是在全球经济危机中作为思考和行动的共同视域的共产主义问题。共产主义视域无论在理论方面还是实践方面都有积极意义，这是难能可贵的。但是，狄恩认为共产主义视域不是目标，而是条件。笔者不赞同狄恩的这一观点。笔者认为，共产主义是人类最崇高的社会理想，是我们的长远奋斗目标。共产主义作为社会理想，一定能够实现。共产主义的实现，既有历史必然性，又有长期性。狄恩认识到了共产主义的长期性，但却模糊了其必然性，因而是不可取的。

---

❶ 《毛泽东选集（第一卷）》，北京：人民出版社1991年版，第106页。

第3章　对当代资本主义的批判

对当代资本主义的批判是"新共产主义"代表人物的核心思想。他们对当代资本主义的批判主要集中在对当代资本主义社会问题的揭露、对当代资本主义社会矛盾的批判以及对当代资本主义本质特征的分析三个方面。

3.1　对当代资本主义社会问题的揭露

在资本主义发展的整个过程中，总是伴随着对资本主义的种种反思和批判。"新共产主义"代表人物身处当代资本主义社会，对当代资本主义社会问题进行揭露，对于我们深刻认识当代资本主义社会，有重要的启发意义。

3.1.1　资本主义是虚假的世界

2014 年 3 月 26 日，克莱门特·佩提特金在《真实的共产主义是明天外国人的特征：阿兰·巴迪欧在雅典的谈话》一文中介绍说，1 月 25 日，由精神分析评论家阿莱西亚、市政选举运动"开放城市"和左翼联盟联合组织，由尼科斯·普宁查斯❶研究所支持，哲学家阿兰·巴迪欧在雅典发表了第

---

❶　出生于希腊雅典，1961 年移居法国，马克思主义政治社会学家。

三次讲话❶，讲话的题目为"一个世界的原则与无限的身份和差异并不矛盾"，阿兰·巴迪欧在讲话中对当代资本主义的社会问题进行了揭露。

3.1.1.1　当代资本主义是多数人被排斥的世界

阿兰·巴迪欧认为，全球化的世界，是商品和金钱交换的世界，这正是马克思预言的全球市场的世界。在这个世界，只有可供出售的商品和符号等买卖的抽象工具以及金钱和信用的不同形式。然而，在这个世界上，人类主体并不是自由存在的。人们绝对没有权利迁徙并在他们想住的地方定居下来。对于这个商品和金钱的世界中占压倒多数的人来说，连接近这个世界的最小机会都没有。他们被无情地拒于墙外，存在于外面，那里根本没有多少商品和金钱。世界各地到处建有围墙，如巴勒斯坦和以色列之间的围墙，墨西哥和美国边境的围墙，非洲和西班牙之间电气化的藩篱，甚至有人建议在城郊和市中心建起一道围墙！穷人被关在他们自己的房屋，远离更多的围墙。在欧洲，有许多人认为，应该在不幸的希腊和幸运的北欧之间建立围墙。全球化的虚假的世界是一个围墙和关押的世界。历史上曾有一道意识形态的围墙、政治的铁幕，今天则有一堵把富人的欢爽与穷人的愿望分离开来的围墙。

今天，围墙耸立在富裕的资本主义北方和百弊丛生、贫困的南方之间。甚至在欧洲也是如此。在过去，在一些国家，时常是强大的、有组织的工人阶级反抗控制了国家政权的占统治地位的资本家。今天，到处都能看到在全球贸易中富裕的受益者和庞大的被排斥的人，在这两种人中间有各种各样的围墙和樊篱。他们不再上同一所学校，不能获得同等的健康照顾，不能以同样的方式流动，甚至不能居住在同一座城市的相同地方。"被排斥者"是那些不在现实世界、在围墙与铁丝网之后的人的名称。巴迪欧强调，今天没有世界。也就是说，资本世界野蛮地、暴力地将人通过围墙、警察、官僚统治、军舰巡逻、铁丝网及驱逐出境分成了两个部分。

---

❶ 第一次讲话主题是柏拉图，第二次主题是拉康。

3.1.1.2　外来移民问题是很重要的政治问题

为什么外来移民问题成了全球重要的政治问题？因为外来移民被不公平地对待，证明了资本主义社会的民主和人权是完全虚假的。

巴迪欧指出，如果资本主义社会是真实的，我们就得将这些外国人作为与我们一样来自同一个世界的人来欢迎，但事实并非如此。我们绝大部分人都认为，这些人来自另外的世界。这就是问题。在欧洲甚至有许多人（如希腊人）就被法国或德国政府视为来自另外世界的人。金钱在每个地方都一样，美元和欧元在每个地方都是相同的东西。我们乐意接受这些来自另外世界的外国人口袋里装满的美元和欧元，但就种族、籍贯及生活方式来说，他们不是来自我们的世界。我们将控制他们，不允许他们停留。我们不安地问自己，他们有多少人在我们中间？有多少这样的人来自另外的世界？这是一个严重的问题，一个为他们被迫害、禁止和大量驱逐做好准备的问题，一个引燃了政府政策犯罪的问题。

因此，如果世界是货币及其符号的联合体，那么活生生的人反倒不是联合体，有的只是区域、围墙、怨恨及死亡，只是所谓"优秀的"德国人和"低劣的"希腊人。这就是移民问题在今天成了政治问题的原因。

3.1.1.3　必须终结资本主义的虚假世界

巴迪欧主张，我们必须回归马克思，反对全球市场的虚假世界。马克思和恩格斯早就对资本主义社会必然灭亡的历史趋势以及资本主义社会的主要矛盾做过论述，他们在《共产党宣言》1882 年俄文版序言中指出："《共产主义宣言》❶ 的任务，是宣告现代资产阶级所有制必然灭亡。"❷ 恩格斯在《共产党宣言》1888 年英文版序言中也指出："因此人类的全部历史（从土地公有的原始氏族社会解体以来）都是阶级斗争的历史，即剥削阶级和被剥削阶级之间、

---

❶　在《马克思恩格斯选集（第一卷）》2012 年版中，将 1995 年版的《共产党宣言》修订为《共产主义宣言》，并对《共产主义宣言》加了编者注，即《共产党宣言》。

❷　《马克思恩格斯选集（第一卷）》，北京：人民出版社 2012 年版，第 379 页。

统治阶级和被压迫阶级之间斗争的历史；这个阶级斗争的历史包括有一系列发展阶段，现在已经达到这样一个阶段，即被剥削被压迫的阶级（无产阶级），如果不同时使整个社会一劳永逸地摆脱一切剥削、压迫以及阶级差别和阶级斗争，就不能使自己从进行剥削和统治的那个阶级（资产阶级）的奴役下解放出来。"❶ 马克思主义主张，世界是所有人共同的世界，解放的基本角色是无产阶级，而无产阶级除了整个人类世界之外没有自己的故乡。为了实现这个目标，必须终结全球市场的世界、商品和金钱的世界、资本和财产占有的世界。为了实现所有人的共同世界，必须终结私有财产的金融独裁。

今天，一些人认为能够通过扩大民主来实现马克思的这一强大愿景，也就是说，把民主国家的优势扩展到整个世界，但问题是这种民主并不存在。在巴迪欧看来，这样做很荒谬。西方世界的物质基础是私有财产，它的规则是极少数人拥有大量社会财富。这个不均等并引发了愤怒的世界是怎么产生的呢？在西方国家，自由首先是财产的无条件的自由，随之而来的是货币实物和符号的流通自由。这种自由概念的致命后果是生命体被分离，服务于顽固的、无情的财产特权的防护。

而且，我们很清楚这种民主的扩张会采取什么样的具体形式。非常简单，那就是战争，如在南斯拉夫、伊拉克、阿富汗、索马里和利比亚进行的战争，这些战争是反人民的战争。为了在特定国家组织所谓的自由选举而发动战争合理吗？我们不仅应该反思战争，而且应该反思选举，并证明这种所谓的民主世界并不合理，是通过暴力人为地获得的。

3.1.1.4 提出"只有一个世界"的行动声明

巴迪欧指出，必须从头再来。作为原则，我们必须从开端确认世界的存在。简而言之，存在着活生生的男人和女人的世界。这个句子不是一个客观结论。在金钱法则下，没有简单的男人和女人的世界，只有把富人和穷人分隔开

---

❶《马克思恩格斯选集（第一卷）》，北京：人民出版社 2012 年版，第 385 页。

的围墙，把欧洲统治者和希腊人民分隔开的围墙。"只有一个世界"这个短语作为行动声明，强调的是为我们而存在，我们将忠于这一短语。

巴迪欧的结论是，移民和我们一样来自同一个世界。这是要点。我们能推翻在以实物、符号、选举方式统一的世界中占主导地位的观念——导致战争和迫害的观念。世界的联合体是此时此地活生生的、积极的生命的联合体。

可能有人借文化差异反对巴迪欧的观点，认为移民不是民主主义者，不是真正来自我们世界的；他们压迫妇女，他们很脏，他们穿着粗陋的服装，他们甚至比我们更穷……怎么会跟我们一样来自同一个世界？如果他们想进入我们的世界，就必须学习和分享我们的价值观，并通过我们的价值观的测试。外来的人们必须综合地进入我们的世界，必须变得和我们一样，必须热爱并践行我们的价值观。巴迪欧不赞成这种综合的价值观，认为单一世界的无产阶级是流动的无产阶级，不管他们走到哪里，都应赋予他们应有的政治权利。

巴迪欧指出，单一世界恰恰是巨大差异存在的地方。世界是相同的，但生活在这个世界里的人是不同的。如果相反，我们要求那些生活在这个世界的人是相同的，那么这个世界就会被关闭并变得与别的世界不同，这就不可避免地导致分离、围墙、控制、怨恨、死亡、法西斯，最终导致战争。如果我们所有人都生活在同一个世界，那么可以肯定大家的权利是相同的，外来移民也能说自己拥有权利，并保持其不变的特征，从他的宗教信仰到他的母语、娱乐及生活方式，等等。为什么围墙的、迫害的、控制和驱逐的政治是一场灾难呢？因为它事实上造成了两个世界，造成了法西斯主义情绪对人道主义的否定，造成了无休止的战争。

在每一个地方，我们都必须组织单一世界的政治存在。我们会遇到其他人，我们将能平等地讨论在同一个世界的不同方式。但是一开始，我们就必须废除各种迫害、建立围墙、驱逐出境和把移民交给警察的法规，并坚决主张外来人口的存在根本不是身份问题。

这里，重要的是无产者通过在共产主义政治中活跃的、游动的生命最终教会我们，有必要把活生生的人的单一世界而非分离的国家的虚假世界作为重点。要明白这一切，理解他们像我们一样存在这个简单的观点就足够了。注意到他们的存在，给予正式的地位，把他们看作正常的生命，允许他们像其他生命一样存在，就足够了。本质上，对待他们就像对待朋友一样就够了。

在这次共同的行程中，我们将交换身份，任何人无须宣布放弃自己的身份，无须与其他人整合在一起。外国人将教给我们如何在长途旅行之后看到资本主义国家非常恶劣的政治，他们将参与改变它；我们将教给外国人我们是怎样改变这种政治的，以及在这场斗争的未来他们将占有重要地位。新思想会以出人意料的方式在这个过程出现，而且新的组织形式也会出现。那时，外国人和本土之间的区别将完全从属于我们共同的愿景：我们所有人都平等存在的单一世界，而且在这个世界中，我们的身份可以交换，我们可以分享共同的政治行动。

综上所述，可以用以下四点来概括巴迪欧的主要观点：

第一，"自由自在"的资本主义和富裕的"民主国家"的世界是虚假的世界。这一虚假的世界只承认货币实物和符号的联合体，拒绝多数人，通过围墙和战争把多数人推向另一个贬值的世界，同时将自己分离出来。在这个意义上，今天，没有世界，只有围墙、溺亡、怨恨、战争、抢劫和割地。有的区域被保护起来了，其余区域则留在总体贫困和混乱之中。

第二，主张"只有一个世界"是行动准则，也是政治规则。这一规则使同一个世界中的每一个部分的平等性成为必要。

第三，只有一个世界的规则与身份的无限差异并不矛盾，它使否定的维度（差异和对立）从属于肯定的维度（自我发展）。

第四，对外国移民而言，我们有三重目标：反对迫害式的融合、堵住反动的净化的道路、发展创新的身份。这三重目标具体地结合在一起，规定了今天政治上最重要的东西。❶

---

❶ Clement Petitjean，"True Communism Is the Foreignness of Tomorrow：Alain Badiou talks in Athens"，3/26/2014，http：//www.versobooks.com/blogs? month=3&year=2014.

3.1.2 用"创造性共同体"替代资本主义

艾蒂安·巴里巴尔借对哈特和奈格里思想的分析，阐明了自己对当代资本主义社会新情况新问题的观点，主张用"创造性共同体"来替代资本主义。这种"创造性共同体"在资本主义自身范围内是不可能实现的，因此必须摆脱资本的控制，实现新的共产主义。

3.1.2.1 对哈特和奈格里思想的分析

巴里巴尔指出，哈特和奈格里的相似之处即他们的生产力概念包括了所谓的生产过程和再生产的混乱。在生命资本的意义上，它本身是由资本控制下像生产者一样进入劳动过程的生命个体构成的。最后，它会导致由产业资本主义确认的劳工范畴的转化，一种更一般、更多样化地融合了体力劳动和智力劳动的活动范畴，并且将传统的、功利主义的开发维度与劳动力再生产的情感维度结合在一起。

我们肯定这是一种典型的进步主义形式，尤其是因为哈特和奈格里公开倾向于在当代资本主义内部推广他们提出的最先进的，也是最具颠覆性的与劳动的智能化和女性化相关的活动形式，动摇了传统领域和旧式的劳动分工，成为未来生产活动的萌芽形式。

3.1.2.2 三个基本观点

正是基于对哈特和奈格里思想的分析，巴里巴尔提出了三个基本观点。

首先，巴里巴尔认为，哈特和奈格里描述的劳动的智能化特别正确。奈格里十分强调一般智力，这种一般智力在其论点中扮演着关键角色。在新的劳动形式中，与资本主义剥削相联系的价值规律改变了形式，因为资本的利润本质上来源于生产者的合作，由交往过程和智力创新来调节，结果是不可衡量的：这将是"新共同体"的出现，哈特和奈格里完全支持"创造性共同体"的理论和实践。但是，他们忽略了相反的趋势——巨大的标准化、机械化和智力劳动的强化，特别是在信息技术领域，通过使用铁的纪律野蛮地限制不确定的劳动力，迫使合作返回到价值规律下，从智力劳动返回到了体力劳动。

在这种情况下，应该开发有关冲突维度的思考，这比以往任何时候都更影响剥削劳动和一般人类活动之间的张力，包括被迫的和自主的合作形式的矛盾关系。因此，在资本控制下，人类生活各方面的真正包容实际上是不可能的。在资本主义自身范围内有一定限度，这使得即使在新自由主义时代，创造纯粹的资本主义或绝对的资本主义也是不可能的。

其次，巴里巴尔指出，哈特和奈格里关于劳动和活动转化的生物政治维度的讨论兴趣也在于对马克思主义和人类学差异问题（体力和知识、理性和情感，最重要的是性别角色的差异）之间关系的思考。哈特和奈格里的思考在一定程度上拓展了马克思主义理论的广度，而马克思主义正是他们思考的对象和基础之一。

尽管当代资本主义社会出现了许多新情况新问题，巴里巴尔仍然坚持马克思主义对于我们思考资本主义具有不可替代的价值，并主张马克思主义应该不断更新。

最后，这是因为生物政治原因和身体生产力概念允许引入众多政治成分的差异。没有这些差异，就没有人类的代表。但这些差异也绝不会变得简单并被封装到行政学、社会学和心理学的范畴，超越工业和商业劳动组织的简单模型。但矛盾的是，这些差异也倾向于使多样化的社会关系、主观立场、统治和抵抗之间的冲突变得均质化。

巴里巴尔认为，所有这些人类学差异（种族和文化差异、正常和异常、成人和儿童等）考虑的多样性秩序，实际上比生产力或生物政治这些概念更值得我们思考。这并不是说每次都不涉及共性的问题，特别是以集体斗争的形式反对利用差异来隔离和反对个体，并尝试建立密切和相互依赖的关系。虽然不能确保这些不同类型的差异将有助于共产主义观念的形成，然而重要的是这些差异是政治的。

3.1.2.3　结　论

巴里巴尔指出，在考察完简单的问题后，我们就可以知道共产主义者在做什么，包括他们如何行动，他们支持的斗争，他们为哪个具体原因而战。他们在实践中总是不仅要面对自己的渴望，还要面对现有的社会条件和既定的政治选择。然而，他们永远不可能以沉默的态度或立场在观望，他们要做的是找到一个角度或视角。正如巴迪欧所说，从这个角度或视角来看，解放的、变革的矛盾和政治运动会变得愈演愈烈。无产阶级将抛弃私有财产与抛弃民族主义偏见结合起来了。这就允许马克思和恩格斯以历史和预言的方式宣布，全世界联合起来的共产主义者和无产者，只是同一个主体的两个名称，至少潜在地是如此。正如巴里巴尔此前主张的，我们失去了这种确信，但并没有失去认识到问题重要性的敏锐意识。

巴里巴尔得出结论说，共产主义者并不会形成特定的政党，认为共产主义者本身正在参与运动、战役或斗争的组织，没有组织就没有有效的政治。但是，他们并没有建立自己的组织，相反，他们正使现有组织去组织化。❶

综上所述，以阿兰·巴迪欧和艾蒂安·巴里巴尔为代表的"新共产主义"对当代资本主义新情况新问题的分析，总体来讲具有积极的意义。首先，左翼理论家们表达了复兴共产主义的理论诉求。其次，通过对当代资本主义的分析，左翼理论家们论证了共产主义替代资本主义的合理性。最后，通过对当代资本主义的分析，对未来的共产主义社会进行了积极构想。

3.2　对当代资本主义社会矛盾的批判

"新共产主义"代表人物从各自的视角对资本主义社会的矛盾进行了分析

---

❶ 参见 Etienne Balibar，"Communism as Commitment，Imagination，and Politics"，in *The Idea of Communism* 2，Slavoj Žižek，London and New York：Verso，2013，pp. 13 – 35.

和思考，并在此基础上进行了批判。他们以当代资本主义社会的矛盾为依据，简述了共产主义的潜在轮廓。

3.2.1 新兴资本的内部矛盾

对迈克尔·哈特而言，今天，共产主义必须重新确立"共有财产"的观念。他认为，创意、图片、知识、代码、语言甚至影响都可以作为财产被私有化和控制。而监管所有权则更加困难，因为它们很容易共享或复制。更何况促使这些商品挣脱私有财产的锁链，成为共有财产的动力始终存在。

哈特更进一步声称，不仅非物质形式的财产不断成为共有财产，需要不断地斗争来维护版权，防止文化和软件产品的盗版，而且私人控制和这些财产的所有权形式在本质上降低了生产力。

哈特具体分析到，如果你有一个想法，与他人分享这一想法并没有减少它对你的效用，相反通常会增加效用。因此，为了实现最大效用，各种创意、图片和影响必须为大家所共有和共享。当它们被私有化时，其效用就会大幅降低。哪怕是将共有财产转变为公共财产，也就是说，让它们服从国家控制或管理，同样会降低生产力。财产正在成为资本主义生产方式的束缚，这是新兴资本的内部矛盾：越是将共有财产圈占为私有财产，其生产率就越低；但另一方面，共有财产范围的扩大却会危害到资本主义私有财产关系。对哈特而言，在后工业经济中，生产和财产的条件正在开启资本主义运行中的新矛盾，而这些矛盾和对立同时也开启了共产主义可能性的空间。

把哈特的两个观点综合起来就会发现，资本主义生产越来越依赖共有财产，而共有财产的自主性正是共产主义的本质。这表明，实现共产主义事业的条件和武器比以往任何时候都更加成熟和完备。当下的任务就是要将它们整合起来。事实上，资本主义的现状比以往更接近共产主义。此外，资本主义日益陷入其运行的矛盾表明，革命可能相对容易。资本主义正不可逆转地破坏自身，那么就用武器武装我们来将其终结。

综上所述，哈特通过对私有财产和共有财产的分析，注意到阶级性与公共性这一资本主义的内在矛盾，探讨了当代资本主义公共性不断得到扩展，而资本主义私有制及其阶级局限性正在成为资本主义生产方式的束缚。因此，这一矛盾的对立开启了共产主义可能性的空间。齐泽克并不赞同哈特的观点，认为公共性只构成对当代资本主义的挑战，而不是潜在的矛盾和内容。基于此，齐泽克提出了资本主义的四个对立。

3.2.2　资本主义的四个对立

齐泽克在其文章《如何从头开始》中指出，平民的革命对抗不是资本主义内部的固有矛盾，只是对当前资本主义的一系列挑战。他思考了平民的革命对抗及其与共产主义观念的关系。有这样四个对立足以阻止资本主义无限的再生产：生态灾难逼近的威胁；知识产权的私有财产概念的不恰当性；新科学技术发展的社会伦理影响；种族隔离制度、新围墙和贫民窟的新形式。

齐泽克认为前三个对立是民众领域的对立，最后一个对立则是圈外人（the Excluded）和圈内人（the Included）之间分离的鸿沟。在齐泽克看来，资本主义这三个领域的对立构成了无产阶级化的过程。

对于齐泽克而言，公共的问题只是对当前资本主义的一系列挑战。资本主义通过重组可以避免共产主义的解决方案。除了哈特和齐泽克的探讨和争论外，部分"新共产主义"代表人物着眼于资本主义的平等、民主、自由和权利，认为资本主义的平等、民主、自由和权利对于多数人是虚假的，体现了资产阶级和大众的矛盾。因此，应该超越资本主义的平等、民主、自由和权利。

3.2.3　超越资本主义的平等、民主、自由和权利

3.2.3.1　超越资本主义的平等和民主

共产主义者对平等这一概念是如何解释的呢？托斯卡诺指出，必须超越那种主张为了所有人、仅作为社会权利的平等概念，进一步认识到平等是平等劳动的产物。托斯卡诺认为权利就其本性来讲只在于使用同一尺度；但是，不同等的个人（而如果他们不是不同等的，他们就不成其为不同的个人）要用同一尺度去计量，就只有从同一个角度去看待他们，从一个特定的方面去对待他们。或者，分配方面的缺点和资产阶级权利的不平等，只要产品按劳动分配，资产阶级权利就会继续通行。共产主义不只是简单地否定资本主义经济组织方式，而是要废除社会关系构成的结构。

谈到民主，巴迪欧曾指出，批判资本主义并不难，但这还不够，更重要的是关注民主概念。他认为，我们称为民主的只是占主导地位的霸权的权力组织。这个过程合法化并建立了民主。我们必须停止我们自己与其相关联；它是现存秩序的政治。在民主名义下的现存政治根本不是民主，人民绝对没有任何权利。众所周知，有权利的是银行家和政客。因此，我们需要组织完全不同种类的政治试验。为了实现这一目标，仅仅抱怨资本主义是邪恶的还不够，那不会创造新的政治组织和试验。现实是，每个人都在抱怨资本主义的邪恶，但是一旦举行选举，他们又去给现存秩序投票。

在资本主义条件下，我们能想象其他种类的政治形式、民主形式吗？阿兰·巴迪欧认为，在资本主义国家，民主是占统治地位的。在现实中，我们称为民主的是适合当代资本主义的最发达形式的统治系统。

而在《共产主义作为承诺、想象力和政治》中，艾蒂安·巴里巴尔指出，民主实际上是一个去民主化的过程，不存在任何类似的、在确定和明确的意义上的民主。在去民主化过程和民主的民主化过程之间，只有无尽的冲突。为公

民争取平等权利和自由，依据不同情况和各种力量间的关系可以采取暴力的或
非暴力的形式。❶

3.2.3.2　超越资本主义的自由和权利

科斯塔斯·杜齐纳斯在与斯拉沃热·齐泽克合写的《共产主义观念》的
序言中指出："共产主义的目标在于带来自由与平等。自由的繁荣离不开平
等，没有自由平等亦不复存在。"❷

科斯塔斯·杜齐纳斯在《非正义：关于共产主义和权利》一文中进一步
指出，自由主义资本家对"历史的终结"的吹嘘以最近的金融和经济危机而
告终。激进理论的回归和政治的复兴使温和的道德主义受到质疑，人道主义
的、自由民主的、后现代文化的普遍主义遭到抛弃。

科斯塔斯·杜齐纳斯指出，马克思的著作在关于权利的组成部分中，广泛
地批评了资本主义。马克思对自然权利的批判始于各种意识形态批判。首先，
平等和自由源自意识形态的虚构。自然权利（以及当今的人权）被认为是人
类的普遍权利，它们同时也是资产阶级手中的强大武器。当权利、意识形态、
阶级利益被掩盖的时候，利己主义的担忧似乎成了自然而永恒的公共利益。

其次，权利将真实的人变成了抽象的密码。抽象的人声称，没有历史或传
统、肤色或种族，但恰恰是这些元素使人成为真正的人。普遍意义上的人的解
放要使真正的人服从一个非常具体的规则：男人的权利不同于公民的权利，它
只是资产阶级的权利，他们是高高在上、从其他人和社会中分离出来的人。

再次，形式上的平等（有财产的合法权利）把不平等同样看作是权利和
公平的问题。这使平等变成一种意识形态的构建；它促进了物质资料的不平等
和穷困，破坏了密切的人际关系。

最后，马克思对具体权利进行了严厉的批判，认为消极的自由基于由孤立

---

❶　参见 Etienne Balibar, "Communism as Commitment, Imagination, and Politics", in *The Idea of Communism* 2, Slavoj Žižek, London and New York：Verso, 2013, pp. 13 – 35.

❷　Costas Douzinas & Slavoj Žižek, *The Idea of Communism*, London and New York：Verso, 2010, p. x.

的个体组成的社会，在这个社会中人们将他人视为威胁。所有权保护的不过是私有财产。言论自由是私有财产的精神等价物。马克思认为安全权是唯一真正的权利，它构造了个人和国家之间虚假的联系，促进了终极的社会价值、法律和秩序，在具有冲突的社会中保证了社会和平与公共秩序。

然而，马克思没有否定权利。在对 1848 年革命的评论中，他谈到了不同的权利：在资产阶级意义上，工作的权利是毫无意义的说辞，是可怜的、难以实现的愿望。在工作权利的背后，是资本的权力。要把生产资料据为己有，他们就需要征服相关的工人阶级。因此，我们要废除雇佣劳动、资本及其相互关系。

共产主义革命将通过否定唯心主义说教的形式和内容来实现权利的普遍承诺。自由将不再是消极和防御，而将成为每个人与他人联盟的积极力量。平等不再是抽象地比较不平等的个体，而是一个全面参与的强大的联合体。财产将不再是每个部分财富的限制，不再具有排他性，而将成为共同的。真正的自由与平等将注意到社会中每一个具体的人。

马克思主义哲学家中最强调权利的矛盾作用的是德国哲学家恩斯特·布洛赫，他认为，如果不结束剥削，就不会有人权建立的基础；如果不尊重权利，就不会真正结束剥削。同样，马克思对阶级斗争的认同及其共产主义战胜资本主义的理论，是在理论上对非正义或资本主义的混乱的回应。共产主义是应对资本主义的思想，而资本主义正是非正义的现代形式。[1]

"新共产主义"的代表人物认为，资本主义的平等、民主、自由和权利是虚假的，只有共产主义社会才能实现真正意义上的平等、民主、自由和权利。而反对资本主义的新社会运动，正是下层群众争取平等、民主、自由和权利的斗争。左翼理论家们注意到了新社会运动折射出的资本主义社会的矛盾，并对新社会运动进行了评析。

---

[1] 参见 Costas Douzinas, "Adikia: On Communism and Rights", in *The Idea of Communism*, Costas Douzinas & Slavoj Žižek, London and New York: Verso, 2010, pp. 81-100.

3.2.4　当代资本主义的社会运动

3.2.4.1　运动的致命弱点：缺少对新社会秩序的思考和规划

齐泽克认为，在英国骚乱中，英国的示威者们没有表达任何立场。这就是为什么很难用马克思主义的新兴革命论解释英国骚乱的原因。我们应该仔细甄别社会运动中的阶层，不要轻易说谁对谁错：是小店主们在保卫自己的弱小资本免受暴力侵害？还是他们代表的才是真正的劳动人民？

在英国骚乱中，到底是什么让抗议者选择暴力的呢？这是被动的、非主动的暴力，其本质是愤怒和绝望，但却戴着暴力的面具。暴力和反暴力都陷入了一种致命的恶性循环，暴力导致反暴力，反暴力又导致新的暴力。日益恶化的经济状况迟早会让数以百万计的穷人流离失所，这种现象现在还看不到，因为目前的事件主要是由受过教育的中产阶级青年主导的。运动的致命弱点是没有对新秩序进行思考，没有新的社会规划。对当代左翼而言，当高涨的起义热情退去后，用什么样的新秩序替代旧秩序呢？这就是抗议者的致命弱点所在：他们表达的愤怒是真实的，但却不能转变为社会规划。他们表达的反抗精神不够革命。

齐泽克对希腊反紧缩运动也进行了分析，认为希腊的情况看起来很好，可能是由于新近的渐进自组织运动。但即使在希腊，抗议运动在自组织方面似乎也达到了顶峰：抗议者保持一个无中央政权的平等自由空间让所有人都有相同的话语权等。当抗议者开始讨论怎么做、如何超越单纯的抗议问题时，多数人认为，他们需要的不是一个新政党或直接取得政权，而是一场给现任政党施压的公民社会运动。这当然不足以实现社会重组。要实现社会重组，必须有一个强有力的团体能快速决断，并采取一切必要措施实现目标。那么，谁可以胜任呢？

政党在社会运动中是必要的。当人们试图组织起来时，大家最多开个辩论会，让代表们说说而已。但如果要建立一种新秩序，这种抗议运动显然不够，必须有政党。即使在激进的抗议运动中，人们也不知道自己想要什么，他们需要领袖来告诉他们。但是，如果人们不知道，他们的政党就知道吗？我们是不是又要回到政党是否有历史远见、是否有能力领导人民这个老话题上呢？

政党的权威不是体现在先进的理论上，而是体现于先进的理论要与集体政治相关联。政党需要其成员把自我植根于党的集体之中，一起战斗，为大家战斗。沿着党的路线进行战斗，而不是单打独斗，脱离党的集体进行战斗。

对于运动的主体，应该扩展为不仅包括暂时失业人群、永久性就业困难人群、各类贫民社区的人群（马克思称之为失业无产者），还应该包括所有那些被资本主义全球发展摈弃的人群甚至国家。下层人民再次出现在了解放斗争的中心。这样的思考让我们对形势有了新的认识：历史的被动背景实际上扮演了解放斗争的能动角色。

对于抵抗运动和解放运动的关系，杰姆逊认为，这种新的结构性失业是剥削的一种形式，它不仅表现在工人被剥削了剩余价值，而且体现在工人被结构性地排斥在整个系统之外，连受剥削的机会也没有。那么，我们该如何重新思考剥削概念呢？我们需要一种激进的全新视角：剥削不仅是说工人创造的剩余价值被资本家剥削了，而且包括那些没有创造剩余价值，甚至连被剥削的机会也没有的人。资本主义生产不仅需要工人，而且需要那些找不到工作的后备军：后者被排除在了资本的流通之外，正是资本流通造成了他们的失业。他们不是简单的失业，正是他们的失业使得资本正常地流转。如果不从经济上考虑问题，所有针对垄断的斗争只存在于道德层面，那么最终的结果只能是反抗，而不是生产模式的改变。齐泽克赞同马克思的论述，认为在商品世界里人与人之间的关系呈现的是物与物之间的关系。在市场经济中，人与人之间互相平等而自由，统治不再直接和明显。

对于 2011 年埃及起义，虽然几乎所有人都热烈支持这次起义的爆发，但还有另一个层面的隐蔽斗争。官方和西方媒体热烈庆祝"天鹅绒革命"，说它是对西方自由民主的渴望。这就是人们看到这场运动的另一层面即社会正义时感到不安的原因。不同层面的斗争不是由于媒体的解释不同，而是由于有非常关键的实际后果。事实上，我们不应该太着迷于全民族团结的崇高时刻。关键的问题是：这之后会发生什么？如何将这次起义变成新的社会秩序？

在过去几十年里，我们看到许多运动都被全球资本主义秩序利用了，无论是以自由主义的形式还是原教旨主义的形式。运动的参与者们没有计划，就是来"嗨"的。"嗨"一下容易，但真正的考验却在"嗨"过之后生活到底会发生怎样的改变。我们必须思考还有什么办法。问题不是腐败或贪婪，而是使人堕落的制度，解决的方案就是要改变这种制度。它涉及我们到底想要什么的问题。什么样的社会组织可以替代现有的资本主义？示威者应提防的不仅有敌人，还有虚假的朋友。这些虚假的朋友假意在支持，暗地里却在弱化力量，极力使抗议活动变成一种无害的道德姿态。因此，国际抗议运动没有连贯的方案不是偶然的，它反映了更深层次的危机，即没有明确的解决方案的危机。

马克思的重要观点比以往任何时候都更加有效，对马克思而言，自由不是政治领域谈论的话题，真正的自由存在于非政治的社会关系中。我们需要的不是政治改革，而是非政治化的社会生产关系改革。表明巴迪欧关于终极的敌人不是资本主义、帝国、剥削而是民主的观点是正确的：正是民主的假象即把接受民主机制当作变革的最终希望阻挡了资本主义关系的根本变化。因此，占领运动是开始，它的正式反抗形式比实际内容更重要。只有这样的形式，才能给新的内容搭建空间。

齐泽克分析了在金融危机这个混乱的时代，政府对于富人的保护，认为大批专家、政治家的公理式论断就是让穷人更穷、富人更富。金融危机时的主导思想是危机源自国家过度借债和支出，而事实上根本的原因却是巨大的私有银行的存在。为了保护银行免于破产，政府开始动用巨额纳税人的钱。在这样混乱的时代，我们该怎么办？齐泽克在《无问之答》中指出，金融危机的根源在于资本主义结构："当前的金融危机，好像加强管理就能避免，但我们正在

经历一种结构性的必然。"❶

现实确实如齐泽克分析的那样，近几年，全世界反资本主义的群众运动此起彼伏，从"阿拉伯之春"、伦敦青年骚乱、希腊反紧缩运动、威斯康星州工会运动、"占领华尔街"运动到西班牙自住民运动，等等。杜齐纳斯和齐泽克指出："在新十年的开端，新的斗争凸显。在地方，希腊、法国、印度和泰国正在向大部分人口尤其是年轻人输入抵制、反抗和解放意识。"❷

阿兰·巴迪欧也认为，为应对当前经济危机，资产阶级提出单一的口号"救银行"，这更清晰地证明政治权力仅仅是资本主义的代理人。革命被分化了，而且组织不力，青年工人阶级已经堕落，陷入虚无主义，大量的知识分子已缺乏独立性。❸ 然而，我们中越来越多的人致力于在穷人和工人阶级中组织新型的政治进程，并试图寻求可能的路径以支持在现实中重新出现的共产主义观念。❹

确实，在各种社会运动中，群众需要科学理论的指导。马克思和恩格斯在《共产党宣言》中的论述在今天仍然具有重要的指导作用，他们指出："资产阶级用来推翻封建制度的武器，现在却对准资产阶级自己了。""但是，资产阶级不仅锻造了置自身于死地的武器；它还产生了将要运用这种武器的人——现代的工人，即无产者。"❺ 无产者是否具备推翻资本主义制度的条件和能力呢？马克思和恩格斯在《共产党宣言》中说："在当前同资产阶级对立的一切阶级中，只有无产阶级是真正革命的阶级。其余的阶级都随着大工业的发展而日趋没落和灭亡，无产阶级却是大工业本身的产物。"❻ 这一论述对于今天反

---

❶ Slavoj Žižek, "Answers Without Questions", in *The Idea of Communism* 2, Slavoj Žižek, London and New York: Verso, 2013, pp. 13 - 35.

❷ Costas Douzinas & Slavoj Žižek, *The Idea of Communism*, London and New York: Verso, 2010, p. vii.

❸ Alain Badiou, "The Idea of Communism", in *The Idea of Communism*, Costas Douzinas & Slavoj Žižek, London and New York: Verso, 2010, p. 14.

❹ Alain Badiou, "The Idea of Communism", in *The Idea of Communism*, Costas Douzinas & Slavoj Žižek, London and New York: Verso, 2010, p. 14.

❺ 《马克思恩格斯选集（第一卷）》，北京：人民出版社 2012 年版，第 406 页。

❻ 《马克思恩格斯选集（第一卷）》，北京：人民出版社 2012 年版，第 410 页。

资本主义的群众运动具有重要的指导意义。

3.2.4.2　从根本上解剖资本主义的内部矛盾

当代人文地理学家、马克思主义学者、西方左翼思想家大卫·哈维在《十七种矛盾及资本主义的终结》❶ 中指出了当代资本主义固有的十七种矛盾，并提出了分析。他将这十七种矛盾归结为基本的矛盾、变化的矛盾和危险的矛盾三类矛盾。哈维用"矛盾"这一术语表示一对共存的力量或现象，矛盾并不是指逻辑上的不可能，而是通过紧张或冲突存在于实践中。当这些矛盾变得足够严重时，人们便可以通过各种力量来克服资本主义及其不公平现象。哈维认为，资本是一个循环的过程，其中货币被用来赚取更多的货币。可以肯定地说，这个过程允许一些人变得富有，然后剥削劳动者，为经济风险以及问题负责。

如果说苏联解体使马克思主义思想离开了西方知识分子的舞台，那么全球金融危机便提供了其回归的绝佳机会。首当其冲的是参与"占领运动"的左翼激进分子。

在《十七种矛盾及资本主义的终结》中，大卫·哈维探讨了引发金融危机的资本运动中的内部矛盾。他认为，尽管矛盾使资本主义灵活而有弹性，但它们却包含了系统性灾难的种子。许多矛盾是可控的，但有些却是致命的。哈维从资本主义所带来的复利增长、自然界的破坏和人的普遍异化来介绍资本主义潜在的危险。复利增长将会带来虚无的经济泡沫，而自然界的破坏将会导致精英阶层占有自然资源，并将普通民众从自然资源中排除出去，最后导致人类的普遍异化以及人性的丧失。

大卫·哈维被公认为世界上对全球资本主义制度和由其产生的不公正问题最为敏锐的分析师之一。哈维从根本上解剖了资本主义经济体制的不合理性，并为我们展示了人类社会在后资本主义世界可能会如何发展。

---

❶ David Harvey, *Seventeen Contradictions and the End of Capitalism*, Oxford: Oxford University Press, 2014.

马克思和恩格斯在科学地批判和剖析资本主义社会的过程中对共产主义社会进行了构想。我们不能抽象地、随意地谈论共产主义社会，而应该首先致力于对资本主义社会的研究，"对现存的一切进行无情的批判"。马克思明确指出："新思潮的优点又恰恰在于我们不想教条地预期未来，而只是想通过批判旧世界发现新世界。"❶

从历史上看，人们对未来社会的设想往往起因于对现实问题的感受和看法。正是由于资本主义社会中存在着剥削和压迫，人们才想象和追求未来没有剥削和压迫的社会。现实中的苦难既是诱发人们渴望未来新世界的动因，也是人们设想未来新世界的素材。但对现实苦难的认识不能停留在现象上，而要揭示其实质和根源。马克思和恩格斯对资本主义批判的高明之处在于，他们不仅看到了资本主义社会的弊端，而且进一步揭示了其根源，揭示了资本主义发展中自我否定的力量，发现了资本主义矛盾运动中孕育的新社会因素，并以此做出了对未来社会的预见。

3.3 对当代资本主义本质特征的分析

"新共产主义"的代表人物提出了一系列理论，对当代资本主义的性质和特点进行了阐述，如当代资本主义是"债务资本主义"，是"租金资本主义"，是"交往资本主义"，等等。这些论述对揭示当代资本主义的本质和特征具有重要意义。

3.3.1 当代资本主义是"债务资本主义"

2008 年全球金融危机后，许多西方国家陷入了主权债务危机。不仅希腊、

---

❶ 《马克思恩格斯文集（第 10 卷）》，北京：人民出版社 2009 年版，第 7 页。

西班牙、意大利陷入债务重组危机，美国也频频突破债务上限。为减少财政赤字，这些国家纷纷采取冻结工资、减少政府雇员、削减社会福利和减少公共支出等紧缩政策。在这一背景下，紧缩和债务危机成为新自由主义政策扩张的工具。因此，一些学者提出了"债务资本主义"理论。

美国学者瑞恰德·狄恩斯特在《债务纽带——反对公共善的借贷》❶ 中认为，债务并非是完全消极的。世界范围的巨大金融债务是人类团结的社会、经济和政治纽带。在这个意义上，债务关系内在地包含了积极解放的潜能。

《债务纽带——反对公共善的借贷》的观点显然是大胆和原创性的。《帝国》的作者迈克·哈特评论说："瑞恰德·狄恩斯特在这本极其清晰和让人恼怒的小书中所做的最激进的判断是，我们承担的债务不是太多，而是太少。是的，我们必须拒绝和逃出把债务作为统治我们的权力和制度的债务体制，但更重要的是，我们必须承认债务是人类的条件，它创造了既把我们联系在一起又使人们自由的社会纽带。把这两个任务结合起来是一件令人激动的甚至是革命的事业。"❷

其实，我们不一定要把债务理解为负资产，哈特自己的理论就包含着债务资本主义的核心观点。在一篇文章中，哈特说："财产不仅维持着社会分化和等级制，也产生出我们与他人以及与社会之间共享的最有力的纽带。当代社会和经济生产日益具有公共特征，它将挫败和超出财产的界限。"❸ 正如当年马克思对工业资本的分析一样，今天越来越多的人开始分析资本的新形式，其中也包括债务。❶

中国社会科学院发布的《世界社会主义跟踪研究报告（2013～2014）》指出，金融投资的爆炸性增长需要各种形式的债务作为"燃料"，尤其是主权债

❶　Richard Dienst, *The Bonds of Debt*: *Borrowing Against the Common Good*, London and New York: Verso, 2011.

❷　http://www.versobooks.com/books/959 – the – bonds – of – debt.

❸　Michael Hardt, "Some of the Most Inspiring Social Struggles of 2011 Have Placed Democracy at the Top of the Agenda", *Adbusters*, No. 99, Jan/Feb 2012.

❶　参见《国外马克思主义研究报告 2013》，北京：人民出版社 2013 年版，第 11 – 12 页。

务。霸权国政府声称寻求"减债",实际上是在故意说谎。因为金融化垄断集团的策略要求通过债务增长来吸纳垄断的剩余利润。所以,它们在追逐债务,而不是减债。所谓为了"减债"而强加的紧缩措施,实际上是刻意用来增加债务。而这种现象正在不断深化全球化垄断资本主义的内部矛盾,使得从政治和经济两个方面都无法解决这种矛盾,最终导致内爆的发生。这种内爆会是持续性的,是一种系统性的危机,而非周期性的经济危机。❶

一些左翼理论家从金融视角出发对当代资本主义进行分析,认为当代资本主义是"债务资本主义"。而另一些理论家从经济视角对当代资本主义进行分析,认为当代资本主义是"租金资本主义"。

3.3.2 当代资本主义是"租金资本主义"

与"债务资本主义"概念相关,齐泽克、奈格里等人还提出了"租金资本主义"这个新的概念。齐泽克强调,要真正地分析当前政治,必须对当代资本主义进行重新分析。他与奈格里一样认为,当今资本主义是"租金资本主义"。

相对于利润资本主义,租金资本主义的特征是:从对劳动时间的剩余价值榨取转移到对知识产权和其他资源的垄断带来的租金;失业者已经不是经济的周期性发展所需要的劳动力后备军,而是被资本永久地排除的多余者;非物质劳动不仅产生工薪无产阶级,而且产生工薪资产阶级。

齐泽克对当今左翼运动的分析,集中在工薪无产阶级概念上。工薪资产阶级是特殊的群体,他们虽然对资本主义不满,但不愿推翻资本主义建立新的社会制度,而是害怕失去原来的社会地位和优势,沦落为无产阶级。"占领华尔街"运动以及"阿拉伯之春"正是由工薪资产阶级或潜在的工薪资产阶级即

---

❶ 《黄皮书:当代资本主义世界体系将内爆 并最终崩溃》,http://intl.ce.cn/qqss/201403/04/t20140304_ 2414089. shtml.

学生发动的，这就注定了其不彻底性。

在《工薪资产阶级的反叛：新的无产阶级》❶ 一文中，齐泽克进一步指出，随着知识在生产中的作用持续加大，众多的人口将从马克思意义上的劳动后备军变成永久性的过剩者。在这种情况下，长期稳定地受剥削今天已经成为一种特权，这正是中产阶级或工薪资产阶级的焦虑。当今华尔街反资本主义抗议的主体正是这些害怕因失去剩余工资特权而被还原为无产阶级的工薪资产阶级。❷

除了"债务资本主义"和"租金资本主义"理论，还有的学者注意到了当代资本主义数字化的特点，并基于当代资本主义是"数字资本主义"的观点，从社会关系的角度对当代资本主义进行剖析，进一步提出当代资本主义是"交往资本主义"的观点。

3.3.3　当代资本主义是"交往资本主义"

"交往资本主义"是狄恩从哈特和奈格里在《帝国》的分析中形成的观念。什么是"交往资本主义"？"交往资本主义"是如何代表当代资本主义的转化的？交往资本主义是资本主义与通过互联网交流媒介的民主的联合体。一些对民主很重要的理想（如包容和参与）被物化于当代媒介中。随着资本主义的发展，交往作为资本主义的固有内容越来越集中而广泛，其结果是在不平等方面出现了戏剧性的增长。如果人们在线的话，交往资本主义承诺成功和民主。我们已经看到，这种民主的现实对极少数人意味着成功，对一些人是娱乐，而对许多人却是贫困化。狄恩认为指导思想只有一个：重要的是目的，而非手段。当首先聚焦于媒介和过程时，激进主义者就会误入歧途，如占领运动并不是要取消资本主义及其政权。

---

❶ Slavoj Žižek, "The Revolt of the Salaried Bourgeoisie: The New Proletariat", *London Review of Books*, Vol. 34, No. 2, 26 January 2012, pp. 9 – 10.

❷ 参见《国外马克思主义研究报告 2013》，北京：人民出版社 2013 年版，第 6 – 7 页。

加拿大学者马修·格里弗斯（Matthew Greaves）对当代资本主义的特征进行了分析，认为当代资本主义是"交往资本主义"。马修·格里弗斯提出了关于"交往资本主义"的基本观点，并对相关理论家的观点进行了比较研究。

3.3.3.1　后现代资本主义

迈克·哈特和托尼·奈格里在他们合著的《帝国》一书的引言中，提出了当前对数字技术和阶级斗争争论的主流观点。支持网络活动的商业化的个人或互联网技术，如果被我们战略地加以运用可能转而反对剥夺者。当数字无产阶级的创造力被给予主导地位时，这似乎表明了一种工具主义的形式：任何技术的潜在性不在于工具和使用者之间内在的积极作用，而在于使用者的意图。当工具被数字无产阶级正确地定位或配置，为无产阶级的抵抗和力量辩护时，工具便会开启颠覆旧秩序的通道。

马修·格里弗斯认为，在个体与群体有目的地活动的地方，我们对技术代理人的强调经常在关于阶级斗争的技术的叙述中被消解了。然而，这种转化对技术实践与技术用户的关系提出了问题，哈特和奈格里的《帝国》并没有充分解决。例如，支持数字积累的工具如此复杂，可能为了促进由附属组织表达的一种力量而重新排序和重新编码。因此，它可能被数字无产阶级反对，正如哈特和奈格里指出的，帝国的工具是那些数字命令而非促进无产阶级解放的事物。同样，根据哈特和奈格里的观点，这一问题源于没有将美国技术批判理论家安德鲁·芬伯格的观点识别为马克思的技术批判，或者对马克思在工厂机器中发现的资本主义技术抱有阶级偏见。这一问题将用户的能力联合起来，以适应生产工具的现有水平和发展程度。无论这些在场是决定还是共同决定个体或阶级，区别都在于技术和技术网络上物质化的社会代码和偶然性的媒介存在。

依据帝国的技术构成，这些没有解决的问题变得越来越重要。广义的数字网络为在性质上占支配地位的资本主义形式承担帝国的身份。从工厂生产到技术地构建了交往网络结构，性质上发生了转换。交往的步伐加快，使紧密的信息循环反馈成为可能。支持强化互动性的后现代资本主义工具同时也促进信息循环反馈的获取和表现。交往的商品化形成的增长，是因为信息化生产的联结点正朝着交往和合作的价值化过程被组织起来。

帝国确实包含了越来越多的生活时刻，就像数字技术的增长在一定条件下促进了独特的情况聚集在一起。随后，政治主体看到了后现代生产中阶级斗争内在而具有集体目的的激进社会变迁。❶

在 2012 年出版的《宣告》（*Declaration*）中，哈特和奈格里指出了全球阶级斗争的爆发与上述论点之间的关系。遍布全球的抗议在交往中有地方性的目的，并通过地方化的策略互相学习。❷ 技术中阶级关系的物质化是与斗争目标截然相反的；❸ 工具用户重构了网络关系，添加了优先选择的节点并重构了面向斗争领域的交往网络。全球联网的计算机技术充当了个体可能实现新的社会形式的通道。由帝国产生的民众不是否认原始生产力结构的生命力，而是认同它。

综上所述，马修·格里弗斯重读哈特和奈格里，认同乔蒂·狄恩和英国伦敦威斯敏斯特大学教授克里斯汀·福克斯（Christian Fuchs）的著作，并将他们的理论追溯到了马克思和赫伯特·马尔库塞。

通过考察马尔库塞和狄恩的著作，马修·格里弗斯认为，狄恩的交往资本主义假设与法兰克福学派技术批判理论及随之产生的阶级非理性假设分享了共同的逻辑。马修·格里弗斯把将马尔库塞和狄恩联系起来的线索识别为一种缓和了无政府主义经验的、名义上的、包容性的资本主义形式。由于产业工人在工业体系中的地位，马尔库塞相信批判理性在工人阶级中发展不充分。同样，狄恩主张交往资本主义霸权剥夺了政治斗争，因为在数字网络中的交往活动缓和了致命的无政府主义。阶级斗争在历史关节点上不一定会发生，"正如资本

---

❶　Michael Hardt and Antonio Negri, *Empire*, Cambridge, Mass. : Harvard University Press, 2000, pp. 403 – 13.

❷　Michael Hardt and Antonio Negri, *Declaration*, Allen, Tex. : Argo – Navis, 2012, p. 4.

❸　Michael Hardt and Antonio Negri, *Empire*, Cambridge, Mass. : Harvard University Press, 2000, p. 367.

主义已经包括了交往，以至于交往并不提供重要的外部环境"，❶ 而是在其范围之内。

联系马尔库塞和福克斯的线索，我们可以确定福克斯借鉴了许多前人的著作。尽管他们都认为技术具有帮助人们实现自由的潜能。但是，在由资本组织的发展道路中，这种潜能跟随数字媒介参与的承诺，以剥削和社会控制的方式被资产阶级重新制定，因而是欺诈的。个体用户在他们的活动中被相互隔离，在不合群的条件下为资本劳动。交往是数字技术实现其内在参与潜能的必要条件。然而，正如解放发展仅仅从交往网络中出现一样，福克斯的构想被人们不均衡地应用。

狄恩和福克斯都赞成对当代阶级斗争中的数字网络交往进行批判，这给他们关于技术政治的叙述留下了很小的空间，如果有的话，也是主张技术和社会发展对网络的影响。因此，阶级斗争受到了损害，集体不能利用来自下层的变化对技术网络施加影响。当我们同意狄恩和福克斯关于剥削和统治通过数字网络技术而产生的观点时，这些相同的力量在数字无产阶级中制造了矛盾。

马修·格里弗斯通过马克思、芬伯格以及哈特和奈格里的著作提出了一种可供选择的技术和阶级斗争的理论。马修·格里弗斯认为，哈特和奈格里关于后福特主义主题的构想暗示了阶级斗争和技术发展理论基础的可能性。然而，技术批判理论的发展要求通过批判理论，通过马克思、吉尔·德勒兹的虚拟概念以及芬伯格关于在技术实践中的物化和中介的著作加以缓和，这种形式的发展代表了其自身的问题。

就像芬伯格所暗示的，假如进入世界和进入个体关系的过程表达了技术和技术网络政治，那么目标就是通过差异推翻现实性。当狄恩和福克斯质疑任何工具都可能是一种武器的主张时，他们提出了关于技术及其用途的论述，与备受哈特和奈格里青睐的概念相一致。

---

❶ Jodi Dean, *The Communist Horizon*, London and New York: Verso, 2012, p.128.

3.3.3.2　技术和参与的幻想

狄恩的交往资本主义假设是依据面向资本主义当务之急的否定理性的调整而确定的。在交往资本主义内部，当务之急是面向政治的空间观念和事业路线。一方面，在《帝国》中，群众作为一种被包括的力量而存在。"群众不仅运用机器进行生产，而且日益把自身变成机器。作为生产手段的，是日益增长的将灵和肉结合起来的群众。"[1] 帝国不是一个独享的系统，"而是不同包容性之一的系统"。[2] 另一方面，群众是一种可扩展的、包容性的、被剥削阶级的概念，包括每个人及其工具。[3] 对狄恩来说，这种内在性阻止了群众政治要求的无政府主义倾向。然而，在帝国的政治本体论中，没有外在；在数字地带中，没有排斥。因而，也没有从外部表达群众政治要求的潜力。

在交往资本主义假设中，狄恩明确提出"系统可能中断"[4] 的观点，工人阶级的政治行动变成了革命行动。然而，正是这种明确的潜在活动，当它通过交往资本主义的网络发生时，活动被剥夺了其正常的激进特质。狄恩指出，通道、包容、讨论及参与的理想通过扩张、加剧及全球技术交往的相互联系而实现。但它并没有实现更加公正的财富和权力分配，也没有导致更加丰富多变的自由的生活和实践模式出现。大量的电影和大场面的表演，逐渐削弱了全世界大多数人的政治机会和功效。现实确实如此，数字网络交往将个体并入名义上的民主论坛，这种运动充当了双重角色：用户从真正的权力位置中分离出来，潜在的抵抗被消解了。

交往资本主义的理性也与马尔库塞的技术理性批判相似。马尔库塞认为，

---

[1]　Michael Hardt and Antonio Negri, *Empire*, Cambridge, Mass.：Harvard University Press, 2000, p. 406.

[2]　Michael Hardt and Antonio Negri, *Multitude：War and Democracy in the Age of Empire*, New York：Penguin, 2004, p. 134.

[3]　Jodi Dean, *The Communist Horizon*, London and New York：Verso, 2012, p. 82.

[4]　Jodi Dean and Paul A. Passavant, *Empire's New Clothes：Reading Hardt and Negri*, London and New York：Routledge, 2004, p. 284.

在一个由技术专断组织起来的社会中，司法结构失去了其消极特征。这里，历史中的革命目标与现代技术资本主义意识形态相关。在《单向度的人》中，因为一种阶级非理性在知识中的运行，革命与工人阶级的活动是分开的。批判能力即刻被超越；非理性变得与技术结构理性定义的社会转变相一致。马尔库塞认同"总体管理的语言"❶。

"二战"后，社会论述认同在语言中缺乏矛盾，反映了"通过组织的方式不断增长的能够满足个体需求"❷的社会。马尔库塞把海德格尔的技术实质主义与西方马克思主义结合在一起，被拉康认同的物化呈现出战后工业技术资本主义的特征。"组织者和管理者自己变得越来越依赖于他们组织和管理的机器。而且这种相互依赖不再是雇主和被雇佣者之间的辩证关系，这种关系已在为了相互认同的斗争中破裂，更确切地说是把雇主和被雇佣者封闭起来的恶性循环。"❸ 交往是由一种粗俗的操作主义或操作的理性定义的，就像事物及其功能在思想中相融合一样。❹ 社会角色的消极潜在性，积极地改组了资本的功能。

工人阶级内含于这个具体化的世界，他们的需求及其实现方式需要重新配置以适应技术理性的资本主义形式的要求。工人阶级实现社会主义社会的能力被预先阻止了。曾经被保留在工人的对立阶层的批判理性被物化了，成为单向度的。马尔库塞在地方看到了批判理性的潜力，虽然它仍未开发。他在《现代科技的一些社会影响》中认为，批判理性只能在社会团体中全面发展，社会团体的组织没有被工业设备普遍的形式或体系模式化。在技术配置生产关系的条件下，主仆的界限取代了工人阶级斗争的革命潜力。这是对单向度的人的

---

❶ Marcuse, *One – Dimensional Man：Studies in the Ideology of Advanced Industrial Society*, London：Routledge, 1991, p. 85.

❷ Marcuse, *One – Dimensional Man：Studies in the Ideology of Advanced Industrial Society*, London：Routledge, 1991, p. 1.

❸ Marcuse, *One – Dimensional Man：Studies in the Ideology of Advanced Industrial Society*, London：Routledge, 1991, p. 33.

❹ Marcuse, *One – Dimensional Man：Studies in the Ideology of Advanced Industrial Society*, London：Routledge, 1991, p. 87.

重复。"单向度社会的极权主义倾向使抗议的传统方法和手段无效——也许甚至是危险的，因为会保持一种人民主权的错觉。""底层的放逐者和外来者，其他种族和肤色的被剥削者和被迫害者，失业者和不能受雇者"会形成具有革命精神的反对派。❶ 行政趋势在单向度的社会仍然占据主导，它的控制并不是全部的。现代社会产生了失去本能冲动的主体，但它同样会产生颠覆理性的相反倾向。力量和倾向的存在可能打破这一围堵并推翻社会。

狄恩在交往资本主义的网络中恢复政治活动，与技术理性的资本主义形式产生的不合理的生产活动相一致。在交往资本主义中，包容缓和了阶级斗争，以真正的民主组织增加了资本主义和国家权力。然后，市场作为民主机会的场所出现了，给用户展示表象或参与的幻想。"交往技术有助于取代和分散批判精神，这样即使不平等加剧，形成和组织一致的反对派也成为持久性的问题。"❷

3.3.3.3　技术的改变：生产或阶级斗争的关系

像狄恩一样，福克斯相信，跟随新媒体的参与的承诺是错误的。用户反而像工人一样行动，通过互联网的交往和与伙伴用户的合作生产价值。新媒体的组织无助于建构革命主体，但可以将活动转化为价值。根据马尔库塞的观点，对技术来说，自由和创造性的关系仍可以获得。数字交往技术是矛盾的，然而，资本主义力量平台的塑造产生最小的真正交往的机会。

福克斯认为，新媒体用户通过数字网络被积极地生产出来，并在使用户劳动商品化的过程中被销售给广告商。共同所有权的缺乏或用户输入决策意味着用户和页面生产行为之间没有设置参与的门槛。广告商与新媒体用户之间主要的关系反而是剥削、统治和商品化——在这种关系中，交往朝着价值生产的方向形成。任何政治信息或发生的讨论被压倒，这在受众的生产中给了娱乐以

---

❶ Marcuse, *One - Dimensional Man: Studies in the Ideology of Advanced Industrial Society*, London: Routledge, 1991, p. 256.

❷ Jodi Dean, *The Communist Horizon*, London and New York: Verso, 2012, p. 126.

特权。

在狄恩看来，交往资本主义时代的政治可能通过外部组织恢复。福克斯认同参与、合作和可持续发展的信息社会的可能性，更简明地阐述为基于公共价值和所有权的共产主义互联网。民主地交流，公共建设需要加强交流共享，任务是在民主和共享的共产主义社会中推进共产主义媒体和共产主义互联网。

初看起来，上层建筑对于基础的相对自治把福克斯从决定论中拯救了出来。上层建筑的内容、资本主义的象征秩序并不是在机械地采取行动抑制与资本主义经济关系相关的欲望或理性。然而，在象征秩序的背后仍然是关键的基础。上层建筑使经济和政治制度合法化，在不确定的结构内，生产关系再次作为技术网络和交往的决定性原则而出现。

这种模式出现在福克斯的著作中。例如，技术的矛盾的特点存在于技术和社会之间彼此形成的方法中。技术批判理论是一种特定的相互塑造的方法，发展了技术发展与社会矛盾相互作用的观点。因此，对立和矛盾在矛盾的技术和工艺流程中得以实现。关于社会中介的矛盾出现在由社交媒体提供的个人机会和作为先进的监视设备的功能中。然而，因果关系仍然完好无损。生产关系产生矛盾和对立，而对立面被排除，激进的活动转移到了共产主义互联网。

福克斯认为，在合作的、和谐融洽的社会中，技术尤其是节省劳动力的技术可能根除必要的劳动。共产主义社会可以开发节省劳动力的技术，这将提升创造性工作和经济的生成艺术。通过废除艰苦劳动，工作可以反映所有个人的创造性能力。正如马尔库塞所说："乌托邦式的可能性内在于发达资本主义和社会主义的技术和工艺力量：合理利用全球范围内的这些力量，在可预见的未来将终止贫穷和匮乏。"❶

通过断裂的形式，可以看到技术朝着满足和实现人的本质的方向发展，需要"未来进入现在的许可"。❷ 马尔库塞用无政府主义的和叛逆的运动标识这

---

❶ Herbert Marcuse, *An Essay on Liberation*, Boston：Beacon Press, 1969, p. 4.
❷ Herbert Marcuse, *An Essay on Liberation*, Boston：Beacon Press, 1969, p. 89.

一未来进入现在的许可。可以肯定的是，马尔库塞在思考 1960 年代解放运动的特定趋势，他强调自发性表明激进运动可能依据剥削的技术和网络行动。我们在大规模的革命变化层次上阅读这一未来进入现在的许可，可以发现具有讽刺意味的是限制了其变革的功能。

正如我们看到的，支持原始的阶级划分的技术是矛盾的，这种技术位于发展的多样化的道路之间并由辩证过程合成或交互生成。然而，交互生成似乎只有在现有的共产主义或共产主义架构内才涉及用户。否则，生产关系的出现就会决定技术。相比之下，非营利的社会媒体网站却在支持共产主义互联网的发展，它们的体系结构显示出繁荣的非商品化的共享，并朝着集体价值观和共同斗争的交往与合作的方向。然而，数字交往流行的工具不能成为自己的掘墓人。其中，数字网络和内容支持并反映资本主义正统观念，在这些网络技术中阶级差别出现了缺失，福克斯的政治理论因此驳斥了发生在社会再分配之前的非共产主义媒体中的技术变化。福克斯实际上认为，技术需要从生产关系中释放出来，目的是发展符合人类的潜力。从福克斯的共产主义互联网的理想形式看到了名义上从属于矛盾的技术的财产关系，但在这个模型中，缺失的是关于数字网络实现技术发展的无产阶级的斗争。

综上所述，社会和技术的多样性进入到了斗争中。哈特和奈格里的技术政治植根于一个无所不包的群众定义，其中几乎包括了所有人❶。在建构的过程中，要识别多样性，意味着斗争既不需要否定整个具体形式，也不需要被动接受资本主义技术。活动者不需要接受任何现存的东西，只需要采取积极的行动。❷

那么，如何看待当代媒介及其在政治中的角色和作用呢？阿兰·巴迪欧认为，媒介只是现代的宣传工具，人们把巨大的力量归于媒介的事实实在是言过

---

❶ Jodi Dean, *The Communist Horizon*, London and New York: Verso, 2012, p. 78.

❷ 参见 Matthew Greaves, "The Rethinking of Technology in Class Struggle: Communicative Affirmation and Foreclosure Politics"（《阶级斗争中的技术反思：交往的断言和止赎的政治》），*Rethinking Marxism*, Vol. 27, No. 2, 2015, pp. 195–211.

其实。因此，今天媒介的力量不比旧媒介的力量更大。事实上，它甚至更淡化了，因为现在媒介更矛盾，而在当时它是一个宣传机器。这是巴迪欧经常指出的，因为人们总是得出结论说，既然媒介被资本家控制，行动几乎是不可能的。❶

综上所述，"新共产主义"代表人物对当代资本主义的性质和特点进行了分析，提出当代资本主义是"债务资本主义""租金资本主义""交往资本主义"等观点，主张资本主义社会由于受到资本的控制不可能摆脱公共性的要求与私人占有之间的矛盾，因此必须回到共产主义。

除了"债务资本主义""租金资本主义""交往资本主义"等观点，"新共产主义"代表人物还有一些别的提法。如奈格里提出，当代资本主义是"金融资本主义"，利润主要不是依靠对劳动的直接剥削，而是依赖金融控制攫取高额回报或租金；当代资本主义是"生命政治的资本主义"，它主要不是占有有形的商品，而是占有知识和人的生命。这些提法也为我们认识当代资本主义的本质特征提供了有益的启发。

不过，他们的理论观点存在局限性，主要表现在对当代资本主义的实质认识不足。列宁根据他所处时代的实践曾指出，资本主义发展到垄断资本主义，进而发展到帝国主义，便具有五个基本特征：（1）垄断组织在经济生活中起决定作用；（2）在金融资本的基础上形成金融寡头的统治；（3）资本输出有了特别重要的意义；（4）瓜分世界的资本家国际垄断同盟已经形成；（5）最大资本主义大国已把世界上的领土瓜分完毕。这些特征集中体现了帝国主义的实质，即垄断资本凭借垄断地位，获取高额垄断利润。

当代垄断资本主义国家更多地采取比较缓和和隐蔽的手法，打着各种旗号实现其对发展中国家的剥削、控制。同时，出于维护垄断资本既得利益和扩张势力范围的需要，垄断资本主义国家在对外关系中依然推行霸权主义和强权政

---

❶　参见 Alain Badiou & Peter Engelmann, *Philosophy and the Idea of Communism：Alain Badiou in Conversation with Peter Engelmann*, Cambridge：Polity Press, 2015.

治，维护国际经济政治旧秩序，不尊重他国主权和独立，甚至寻找种种借口对他国进行赤裸裸的军事侵略和武装占领，暴露出垄断资本主义的扩张本性。因此，虽然列宁指出的垄断资本主义的基本经济特征在表现形式上发生了一些变化，但其基本内容及实质并没有发生根本变化，列宁的论述仍然是我们认识当代资本主义的重要理论武器。

虽然当代资本主义发生了一些新变化，但是这些变化并没有改变资本主义制度的本质，并没有克服资本主义的基本矛盾，也没有改变马克思主义关于资本主义的基本论断的科学性，根源于资本主义基本矛盾的金融危机和经济危机依然是资本主义不可克服的痼疾。正确认识当代资本主义的新变化，有助于我们在深刻洞察资本主义本质的同时，实事求是地分析和借鉴资本主义发展过程中出现的符合社会化大生产要求的积极因素，为我所用，以进一步完善和发展社会主义制度。

第4章 对"新共产主义"实践主体的探寻

共产主义的实践主体问题,是依靠什么人来实现共产主义的问题。马克思和恩格斯认为,实现共产主义依靠的力量是无产阶级。他们在《共产党宣言》中指出:"资产阶级用来推翻封建制度的武器,现在却对准资产阶级自己了。""但是,资产阶级不仅锻造了置自身于死地的武器;它还产生了将要运用这种武器的人——现代的工人,即无产者。"❶ 无产者是否具备推翻资本主义制度的条件和能力呢? 他们在《共产党宣言》中还指出:"在当前同资产阶级对立的一切阶级中,只有无产阶级是真正革命的阶级。其余的阶级都随着大工业的发展而日趋没落和灭亡,无产阶级却是大工业本身的产物。"❷ 列宁认为,政党在斗争中起着重要作用。"没有铁一般的在斗争中锻炼出来的党,没有为本阶级一切正直的人们所信赖的党,没有善于考察群众情绪和影响群众情绪的党,要顺利地进行这种斗争是不可能的。"❸ 在此基础上,"新共产主义"的代表人物对共产主义的实践主体进行了积极探讨,他们或者赞同马克思、恩格斯、列宁的观点,或者根据当代资本主义的新情况提出了自己的观点。

---

❶ 《马克思恩格斯选集(第一卷)》,北京:人民出版社2012年版,第406页。
❷ 《马克思恩格斯选集(第一卷)》,北京:人民出版社2012年版,第410页。
❸ 《列宁选集(第四卷)》,北京:人民出版社2012年版,第154页。

4.1　对实践主体的理论探讨

对于共产主义的实践主体问题,"新共产主义"的代表人物从理论上进行了积极探讨,其中有些方面给了我们有益的启发和借鉴,当然,有些方面应该进行批判。

4.1.1　关于主体的批判性评论

在《哲学与共产主义的观念——阿兰·巴迪欧与彼得·恩格尔曼的对话》中,阿兰·巴迪欧与彼得·恩格尔曼探讨了共产主义的实践主体问题。其中,阿兰·巴迪欧的主要观点❶体现在以下四个方面。

4.1.1.1　哲学历史中的主体及政治层面的主体

阿兰·巴迪欧在其哲学著作《共产主义观念》中提出了不同于资本主义社会的主体概念,把主体归结为消费者和经济竞争者。主体概念在哲学中有很长的历史,并且在法国也有"主体之死"的理论。阿兰·巴迪欧的主体概念是如何融入 1960 年代到 1970 年代的法国哲学背景中的呢?

阿兰·巴迪欧对此做了两点评论。首先,在 1950 年代,萨特的哲学思想对他影响最大。在他研究哲学的早年,他认为主体范畴是基本的,特别是在自由意识形式中。因此,从哲学上讲,用现象学的词汇表述,他的观点出自自由主体理论统治的哲学。巴迪欧的主体既是萨特意义上的,也是在梅洛·庞蒂意义上的,甚或在德国哲学家胡塞尔意义上的主体。从 1950 年代晚期开始,阿

---

❶　参见 Alain Badiou & Peter Engelmann, *Philosophy and the Idea of Communism*: *Alain Badiou in Conversation with Peter Engelmann*, Cambridge: Polity Press, 2015.

兰·巴迪欧在巴黎高等师范学校时遇到了阿尔都塞，他阅读了德里达的第一批书，得到拉康的教导，陷入当时被称为结构主义的理论中，也就是说，巴迪欧认为，哲学中的主体是不确定的。在阿图舍看来，主体是意识形态概念，即资产阶级概念。按照列维－斯特劳斯和结构主义的观点，结构很重要。在海德格尔传统中，主体是来自形而上学的概念，需要被解构。因此，阿兰·巴迪欧接触到了当时所有这些观点。但是，基于个人的实践，巴迪欧认为政治上的主体范畴也是必要的。

为什么不可能放弃政治上的主体呢？阿兰·巴迪欧认为，这是因为政治是方向、行动、决定和原则的问题，是要求主体或主体维度的问题。他注意到，试图把政治和马克思主义降低为一种纯粹的目标、结构和背景，没有主体形象，只能导致一种纯经济主义。其中，甚至不清楚政治行动作为一种决定性的、自愿的、建设性的行动到底是什么。通过转换和保持主体范畴，拉康保持了主体的分类。他不仅保持了它，甚至转换了它，使它进入绝对核心的领域。

4.1.1.2　对主体概念的集中阐释

阿兰·巴迪欧指出，没有主体的行动是不可能的，特别是在政治领域。但在哲学领域，当巴迪欧提到一些对主体概念提出批判的哲学家时，他又转向了政治。阿兰·巴迪欧对此解释说，在他的著作中，主体概念与两个概念事件和事实是紧密相连的。主体总是事实的主体，它总是为了事实或在建构事实过程中的主体。他认为主体是一种创造或者一种结构，并且它不是既定的。例如，既定的东西在个体形式中，但个体和主体对他来说不是一个概念。它们甚至是相互对立的，即使个体可能会成为主体，或者会被包含进主体中。

在巴迪欧看来，在个体中除了存在动物性和生活的原则，其余什么也没有。生活是个体化的，它在类和个体的背景中表现自己。由于这个原因，它不是解构的。但是，它不是解构的这一事实没有给它任何价值，除了生命状态的价值。

　　阿兰·巴迪欧认为，主体存在于个体中。思想如何为其开辟道路，或者事物如何被创造，正是在这个过程中，主体出现了。何为主体？主体就是个体被召唤到无限的现实中。因此，当个体接触无限的现实时，个体便成为主体。但是，巴迪欧不主张个体成为主体，而是认为个体被纳入主体，因为个体很难变成主体。例如，政治主体是集体的主体，而不是个体。在阿兰·巴迪欧看来，通过一个外部事件在事实进程的方向上推动个体，个体能从其纯动物存在被转化，这将让个体接触存在的无限。

4.1.1.3　无产阶级作为历史主体，将历史哲学与对资本主义的分析融合起来

　　阿兰·巴迪欧指出，有三个不同的马克思。第一个马克思是作为历史哲学家的马克思，他具有历史的大视野，对黑格尔的历史哲学愿景进行了唯物主义的替代，指出了历史发展的必然性，认为历史发展经过了相互连续的阶段，如从封建主义到资本主义的转变。第二个马克思是作为社会科学家的马克思，且不同于第一个马克思。他试图构建一门社会科学，一门真正具有社会功能的理论。这一理论不是来源于历史哲学，而是来源于英国政治经济学。《资本论》正是建立在极其详尽、极其善于分析的科学研究基础上的，其内在逻辑是功能的逻辑，而不是历史哲学的逻辑。这个马克思受实证主义科学观念的驱动，致力于发现资本运行规律，从剩余价值的核心问题中得出结论，并用来解释社会的变迁。第三个马克思是一个政治家，是作为革命者的马克思。这个马克思在必要的时候使用了其他两个马克思，使用了历史哲学和经济学的争论，但他追求的是第三种目标。第一种目标是为历史发展提供一种一般框架，第二种目标是对资本主义社会的机制提供一种精确的分析，第三种目标是构建革命主体理论，为推翻既有秩序积极做贡献。事实上，正如我们阅读时能看到的，《1844年经济学哲学手稿》试图连接第一个和第二个马克思，并最终把这种连接沉淀为第三个马克思。也就是说，使无产阶级成为历史主体，历史主体能把历史

哲学和对资本主义分析的视角融合起来。❶

马克思试图提出一种革命主体理论，其目标是新的政治主体的建构和有组织的出现。阿尔都塞说，在马克思的理论中最终没有主体理论，因为他在《资本论》中没有找到这个主体。巴迪欧认为，马克思已经尝试着将结构分析与辩证法联系起来，用这种方式，使主体问题成为可能，或者阐明主体问题。最终，由此出现了何为人类主体的一个新视角。

综上所述，彼得·恩格尔曼和阿兰·巴迪欧讨论了主体，把主体定位于哲学的历史中，并将主体放回到了1950年代到1960年代的背景中。

4.1.1.4 巴迪欧发展的主体概念开启的可能性

在阿兰·巴迪欧与彼得·恩格尔曼关于主体的批判评论之后，他们接着探讨了通过巴迪欧发展的主体概念开启的可能性及其带来的结果。

阿兰·巴迪欧认为，主体是使单一的、特殊的个体进入现实的无限成为可能的东西，并进入现实的无限。现实的无限指具有普遍性的事物。主体的概念与个体不再仅仅服务于其特殊性的可能性相联系，但也被包含在有普遍价值的事物结构或者接触现实的无限的事物中，并积极地扮演一个角色。因此，主体是表示一种中介或媒介及其运动的概念。在个体的特殊的、生物的、文化的和民族的限制和有普遍价值的事物之间，普遍价值与无限接近，并超越了原先的限制。重点需要理解的是，个体借以纳入主体的过程总是在一个特殊世界发生的。因此，主体是在特殊中的一种运动，并进入普遍。

当个体包含超越其单一性和特殊性的可能性并且创造或建构普遍的价值时，个体便成为主体。不过，巴迪欧指出，即便如此，这也不是向不同世界的转变。

一旦主体进入这种事物，就会做出有价值的事情，就会有结果。主体是一

---

❶ 参见 Alain Badiou & Peter Engelmann, *Philosophy and the Idea of Communism：Alain Badiou in Conversation with Peter Engelmann*, Cambridge：Polity Press, 2015.

种肯定的力量。通常，主体化不再是完全纯粹的，总是会渗透到政治中。普遍性总是在特殊性中起作用。巴迪欧强调个体与主体的辩证关系，在个体被纳入主体的动态过程中理解共产主义的主体。而弗兰克·鲁达则直接指出，主体必须具有集体事业的观念并和集体事业相关。

4.1.2　主体必须具有集体事业的观念

德国学者弗兰克·鲁达问到，今天，为什么人类仅仅具有其动物性？巴迪欧的论点是，资本主义制度突出人也是一种动物这一事实。它提供日常生活的病态模型，似乎很清楚，身体能做什么以及身体需要什么才会感觉舒服。因此，当代资本主义的主体观体现的是主体性的生物—主体模型，在根本上，人被认为是没有羽毛的、魅力并不明显的两足动物。资本主义将主体降低到了其商业能力、特定的利益、次要的欲望和盲目的崇拜，从而产生了一种广义的商业动物性。工人被降低到了仅仅为了填饱肚子的地步，资本主义提供了一种把人降低到其肉体的、动物的、纯粹有机的构成。

因此，当代人必然以纯粹肉体的方式活着，没有附着物，没有观念。资本主义展示的人是历史的特定的结构，生活的简单延续即生存把我们抛入了被动主体的位置。资本主义意识形态产生的是单独循环的抽象平等，人分享了生物构成的对象化的身体，以和客体同样的方式循环。对巴迪欧来说，人以市场方式循环，市场是我们生活在其中的非世界的当代名称。这就是民主成为寡头政治的象征和托管人的原因，其主要的业务是像动物一样在篡夺世界的名义下守卫自己的领地。因为人类降低到动物的程度与任何物种面临的威胁密切相关。一个物种最简单的否定定义是可以被驯化的物种。民主驯化的模式，作为意识形态工程的一部分，弗兰克·鲁达称这种降低到了动物性的自然主义为动物的人文主义。这是一种没有观念、没有思想的生活。

资本主义因此产生了冷漠，所有人类动物的抽象和客体的平等融入他们必须互相竞争的市场环境中。每个人都成了追逐私利的动物体，试图成为更好的捕食者，对他人表现出冷漠。民主只是精确设计的、为追逐私利的竞争服务的完美状态。今天，民主特有的形式是由资本主义内容决定的，资本主义的特有形式是由民主内容决定的。民主形式的资本主义表现为利益的霸权和病态的欲望，人的野蛮的构成支配了当代政治讨论、人权争论，等等。资本主义形式的民主内容表现为大部分民主原则的实际解释，例如，自由被解释为工人出卖自己劳动力的自由。巴迪欧强调，任何资本主义国家都对民主漠不关心，这是对的。当代资本主义民主的国家形式通过漠不关心的、所谓的自由选举程序，使产生的抽象一致性系统化。但在今天，自由选举是出售自由的一种实现方式：一个人可以为所有政治上可能的人投票。

有人可能会声称，我们时代的哲学的首要任务是恢复理念，反对从人类到动物性的无处不在的下降。当我们生活在一个似乎没有观念的时代时，哲学必须为其复兴而工作。这就是共产主义观念的新开端。我们必须避免把每个人降低到动物底层，避免把生活降低到没有任何集体事业的蒙昧主义或者与共产主义观念无关。

哲学的任务是使共产主义观念保持活力。哲学可以肯定，共产主义假设提出了唯一可思考的政治观念。哲学必须确认共产主义观念。哲学必须确认，个人没有必要向国家及其当代动物人道主义意识形态屈服。哲学必须确认一个新的可能性的创造本身是可能的。❶

总之，弗兰克·鲁达认为，资本主义意识形态是动物人道主义意识形态。一个人没有观念地生活，没有任何集体事业，就会把自己降低到动物层面。因此，弗兰克·鲁达主张，主体必须有集体观念，即必须有共产主义观念。除了阿兰·巴迪欧和弗兰克·鲁达，洛瓦特也关注共产主义的实践主体，并认为主体必须有革命性，作为革命主体必须进行共产主义实践。

---

❶ 参见 Frank Ruda, "Remembering the Impossible：For a Meta – Critical Anamnesis of Communism", in *The Idea of Communism* 2, Slavoj Žižek, London and New York：Verso, 2013, pp. 137 – 168.

4.1.3 主体必须具有革命性

在《抵抗的新力量：马克思主义理论中的反本质主义的革命主体》中，美国学者洛瓦特回到非裔特立尼达进化史学家、作家和社会主义者西里尔·莱昂内尔·罗伯特·詹姆斯和俄裔美国社会主义者、哲学家、活动家和女权主义者杜娜叶夫斯卡娅的著作，阐明了马克思主义革命主体性的概念，论述了多种压迫形式的问题。洛瓦特之所以回到詹姆斯和杜娜叶夫斯卡娅的著作，是为了应对拉克劳和墨菲关于马克思的作为阶级本质的主体性概念的特征描述。洛瓦特指出，在对美国种族问题的分析中，詹姆斯认为，种族压迫与阶级压迫相比是在一个相互联系但相对自主的领域中进行的。洛瓦特表明，詹姆斯认为黑人解放运动既是一种完全有能力改变社会生活的独立运动，也是美国社会主义革命斗争不可或缺的组成部分。洛瓦特认为，詹姆斯的黑格尔式的马克思主义来自社会的辩证概念，这迫使他面对压迫和压迫带来的不自由。根据洛瓦特分析，杜娜叶夫斯卡娅是从一种类似本体论的立场提出革命的主体问题的。杜娜叶夫斯卡娅认为，妇女解放运动不包含在斗争中克服阶级压迫。对她来说，妇女解放运动和社会主义革命必须相伴而生。洛瓦特认为，杜娜叶夫斯卡娅关注多重形式的压迫，预示着交叉性的概念在后来的女权主义研究中得到了发展。根据洛瓦特的判断，詹姆斯和杜娜叶夫斯卡娅的非本质马克思主义的意义，是他们看到超越种族、性别的资本主义的激进潜力。近来的学者，如美国社会活动家乔尔·奥尔森、美国作家和活动家西奥多·威廉·艾伦和佩姆·戴维森·巴克补充了这个观点。洛瓦特认为，詹姆斯和杜娜叶夫斯卡娅的黑格尔式的马克思主义在整个人类解放事业中能够合并多种斗争。

总之，现代革命的主体问题本质上不仅是重要的学术问题和知识分子感兴趣的事情，而且具有实践的紧迫性。当新情况出现在世界各地时，左翼理论家

们积极地寻找答案，并做出理论概括。❶

4.2　新阶级理论

正如狄恩所指出的那样，当前，左翼很不愿意认同诸如无产阶级这样的马克思主义术语，反映了几十年反共产主义宣传的消极影响。马克思、恩格斯以及巴里巴尔等当代马克思主义思想家，不是将无产阶级具体地理解为局限在工厂的工人，而是把他们理解为所有那些处于资本构成和无休止的积累过程中的人。至少，在当代欧美背景下，狄恩反对将无产阶级作为共产主义主体的名称。这里，狄恩不是泛指无产阶级，而是指工业的无产阶级和工厂劳动者。为"我们其余的人"的观念辩护，首先是出于实用主义的原因。即使是失业或工作不稳定的普通劳动大众也不会觉得自己就是无产阶级，因此狄恩决定不坚持无产阶级这一名称。"新共产主义"代表人物关于当代资本主义的新阶级理论有一些具体的提法，这些提法不同于阶级、阶级斗争、斗争的无产阶级领导权、群众组织和政党这些马克思主义的经典术语。

4.2.1　"我们是99%"与"工薪资产阶级"

"占领华尔街"运动提出"我们是99%"这一口号表明，新阶级已经进入到政治舞台的中心。

"新共产主义"代表人物普遍赞同"占领华尔街"运动提出的"我们是99%"这一口号，肯定以这一口号为旗帜的抗议运动是美国民权运动以来最重要的进步运动。在他们看来，激进知识分子的任务就是为被迫沉默的多数人发声。

齐泽克进一步指出，"占领华尔街"的反资本主义抗议的主体不是真正的

---

❶　参见 *Rethinking Marxism*，Vol. l27，No. 3.

无产阶级,而是害怕因失去剩余工资特权而被还原为无产阶级的工薪资产阶级。在《梦之危年》中,齐泽克从拉康式的"排泄物政治学"(Shitty Politics)出发,认为"占领华尔街"本质上是中产阶级或潜在的中产阶级革命,而非社会底层的无产阶级革命,因而这种革命运动有着明显的局限性。列宁曾指出:"在帝国主义战争末期和战后时期,在一切国家里,'领袖'和'群众'的分离表现得特别明显而突出。产生这种现象的基本原因,马克思和恩格斯在1852—1892 年曾以英国为例作过多次说明。英国的垄断地位使'群众'分化出一部分半市侩的机会主义的'工人贵族'。这种工人贵族的领袖们总是投靠资产阶级,直接间接地受资产阶级豢养。马克思所以光荣地被这班坏蛋痛恨,就是因为他公开地斥责他们是叛徒。现代(20 世纪)帝国主义造成了某些先进国家的垄断特权地位,正是在这个基础上,第二国际中纷纷出现了叛徒领袖、机会主义者、社会沙文主义者这样一种人,他们只顾自己这个行会的利益,只顾自己这个工人贵族阶层的利益。于是机会主义的政党就脱离了'群众',即脱离了最广大的劳动阶层,脱离了大多数劳动者,脱离了工资最低的工人。不同这种祸害斗争,不揭露这些机会主义的、背叛社会主义的领袖,使他们大丢其丑,并且把他们驱逐出去,革命无产阶级就不可能取得胜利;第三国际所实行的正是这样的政策。"[1] 列宁的这一论述在今天仍然有重要的警示和启发作用,有助于我们准确认识新社会运动的主体和领导者。新社会运动的主体和领导者并不一定是无产阶级或底层群众,如"占领华尔街"运动的主体就是工薪资产阶级。他们决定了运动在抗议资本主义中所起的实际作用,并决定了这一运动的未来走向。

　　齐泽克认为,在当今资本主义社会,新技术产业已经产生一个新的阶级——工薪资产阶级,这一阶级虽然出卖自己的劳动力,但分享着新技术带来的工资和特权。在工薪资产阶级看来,资本主义的问题不在于其不平等的制度,而在于它的不稳定。当前,全球范围内的许多新社会运动都是由工薪资产阶级对资

---

[1] 《列宁选集(第四卷)》,北京:人民出版社 2012 年版,第 152 页。

本主义危机的抗议引起的。

4.2.2 "尿溺"与"非全"

"排泄物政治学"是齐泽克近年来倡导的学说。在《敏感的主体》中，齐泽克明确指出，基督教革命之处在于，与"认同病症"的逻辑相符，它所提供的用来代表真正普遍性的那个单数，并非"人之至高"，而是最低贱的尿溺残余。激进政治学必须把自己的认同建立在尿溺之上，而尿溺可定义为：由社会机体排泄出来的并被统治者当作肮脏和多余的"渣滓"，如流浪汉、失地的农民、失业的工人、国际难民，等等。只有认同尿溺，我们才是真正的革命者和解放者，并建立起真正的新的普遍主义政治。

齐泽克强调，对激进左派的政治学来说，重要的不是把偶然解释为例外或事件，或把必然理解为偶然，而是要理解一切存在之核心的"非全"概念。"非全"是偶然性和特殊性，但又不仅仅是偶然性和特殊性。"非全"是所有存在中的缺失和空隙，正是不可根除的"非全"，使得任何预先规定的社会秩序和总体成为不可能。在齐泽克那里，"非全"概念不仅是哲学的，也是政治学的。正如马克思在《〈黑格尔法哲学批判〉序言》中把无产阶级称为市民社会的非市民阶级、"非部分的部分"一样，齐泽克把"非全"既理解为资本主义统治和剥削的条件，也视为社会非封闭性和自我矛盾的根源。谁是"非全"？它包括流浪汉、失地农民、永久或非正式就业的工人、国际难民。总之，"非全"就是一切在资本主义经济和政治秩序中没有合法位置的社会群体，他们的存在构成了全球资本主义体系的矛盾的焦点。

4.2.3 "平民"

布鲁诺·波斯蒂尔在《左翼的假设：恐怖时代的共产主义》❶ 一文中，同

---

❶ Bruno Bosteels, "The Leftist Hypothesis: Communism in the Age of Terror", in *The Idea of Communism*, Costas Douzinas & Slavoj Žižek, London and New York: Verso, 2010.

意加西亚·利内拉关于"平民"的观点，并借用加西亚·利内拉的观点阐述了自己的主张。

"平民"这一观点忽视了工厂工人的无产阶级形象，而支持一种更加广泛和更加灵活的革命主体构成，加西亚·利内拉称这种构成为"小丑"。事实上，这一概念早已出现在用西班牙文翻译的列宁的共产主义小册子中：如果"纯粹"的无产阶级没有被介于无产者和半无产者（一半依靠出卖劳动力来获得生活资料的人）之间、半无产者和小农（以及小手艺人、小手工业者和所有的小业主）之间、小农和中农之间，为形形色色的中间类型所包围，如果无产阶级本身没有分成比较成熟和比较不成熟的阶层，没有乡土、职业甚至宗教的区分，那么资本主义便不成其为资本主义了。由于这些原因，无产阶级的先锋队和觉悟部分即共产党，就必须而且绝对必须对无产者的各种集团、对工人和小业主的各种政党，采取机动、通融、妥协的办法。全部问题在于，要善于运用这个策略来提高无产阶级的觉悟性、革命性、斗争能力和制胜能力的总水平，而不是降低这种水平。❶

利内拉通过对再无产阶级化和所谓的工人阶级消亡现象的激进社会学调查，提出需把社会经济、文化和"平民"这一新的阶级构成结合起来研究。更一般地说，平民的参与和左翼及民粹主义者诉诸各种无形的或非正式的群众名称是一致的。

平民的形象曾经代表无产者，现在则代表知识分子，并且实现了知识分子和人民的直接统一。❷ 从这个意义上讲，平民参与是左翼核心观点的有机组成部分。

加西亚·利内拉坚决反对那些自称冒险为下层群众说话的所谓的"坚定知识分子"，自始至终，这些知识分子的眼睛盯在物质和精神利益上，驱使特

---

❶ 参见 Bruno Bosteels, "The Leftist Hypothesis: Communism in the Age of Terror", in *The Idea of Communism*, Costas Douzinas & Slavoj Žižek, London and New York: Verso, 2010, p. 55.

❷ 参见 Bruno Bosteels, "The Leftist Hypothesis: Communism in the Age of Terror", in *The Idea of Communism*, Costas Douzinas & Slavoj Žižek, London and New York: Verso, 2010, p. 56.

权地位接近或进入各种各样的国家机构。

在波斯蒂尔的著作《共产主义现实性》中有一篇名为《群众的潜力》的文章，其中最惊人的段落是那些和《共产党宣言》相关的段落。在《群众的潜力》一文中，波斯蒂尔指出，加西亚·利内拉沿着《政治经济学批判大纲》开辟的道路及奈格里开创性的重读，揭示了资本主义内在的反终极性，同时指出共产主义变为现实依然是抽象的潜力。利内拉认为，现在出现了由占支配地位的资本主义造成的畸形和混乱的解放潜力，批判性分析必须揭露反终极性和劳动反对资本的解放的对立趋势。资本将巢物质地筑在劳动中间，马克思主义者必须通过一切他们能够处置的手段理解和加强共产主义观念。这也意味着平民的潜力当前依然是潜伏的和抽象的，但已经处于资本的力量之内，而不是以纯粹的梦想或想象反对资本主义。共产主义作为消除现存状况的现实的运动，不是某些思辨的理想主义者的梦想，而是与对资本主义现实的批判相联，以一种辩证的方式批判资本主义的固有趋势和反终极性。❶

可是，平民的力量并没有自发地在资本主义的危机和衰退中出现，因为在当前的全球性危机中，资本越来越生产更多资本。由于平民力量的弱小，社会变革绝不会成功，但社会变革总是弱小的力量累积的结果。弱小的力量也可以汇聚成大规模的群众行动。

利内拉认为，资本展现了社会劳动仅仅作为抽象概念并被商品价值的合理性持续地附属和阉割的驱力的潜在性。这些可能浮出表面的事实不再是一个资本问题，资本的存在绝不允许异己的力量蓬勃发展。这是一个劳动反对资本的问题。他补充说："突破这种决定，在另一种方向上使阶级的范围向左转，否则就得基于劳动本身定义劳动，是一个工人为了自身建设的问题，是劳动者的利益与资本家的利益相对立的问题：实际上正是历史唯物主义的自我决定问题。"❷

---

❶ 参见 Bruno Bosteels, *The Actuality of Communism*, London and New York：Verso, 2011.

❷ 转引自 Bruno Bosteels, "The Leftist Hypothesis：Communism in the Age of Terror", in *The Idea of Communism*, Costas Douzinas & Slavoj Žižek, London and New York：Verso, 2010, p. 58.

共产主义作为消灭现存事物状况的现实的运动必须通过社会政治运动才能实现。换句话说，共产主义必须再次在一种具体的实体、一种政治主体的肉体和思想中复兴。永恒的历史化之后，这将是当前形势下共产主义假设复兴的一大任务。❶ 基于此，波斯蒂尔进一步指出，一方面，是穷人和无能为力的人构成的社会力量；另一方面，是资本主义国家保护的富人和有权力的暴力机构之间的激进分裂。

尽管如此，波斯蒂尔在吸收并批判了加西亚·利内拉关于政治主体的方法论之后向前更进了一步。加西亚·利内拉用一种更加广泛的、更加灵活的由形形色色的平民社会组织组成的革命主体代替了经典的无产阶级形象。这也是波斯蒂尔关于共产主义主体的设想，他还注意到加西亚·利内拉在其著作中关于政党的解释，即共产党是无产阶级历史结构大型运动的主体，通过详细制定多种和大量的能够产生一个不同于由资本建立的现状的现实实践形式来掌握自己的命运，并借此强调共产主义者自我决定的偏离程度与马克思的政党解释之间的一致。❷

波斯蒂尔的观点与巴迪欧的《主体理论》产生了强烈的共鸣。巴迪欧认为："就政治主体而言，需要一种组织的历史性支持，除一种确定的政治活动外，没有起源。"❸ 因此，共产主义的实现离不开主体的政治实践，而个体并非天然地就是主体，并非天然地就是政治主体。主体化是一个过程，它也需要经历一个过程。政党作为集体组织的必要性，源于主体缺乏保障。因此，政党问题也是左翼理论家探讨的重点。

---

❶　参见 Bruno Bosteels, "The Leftist Hypothesis: Communism in the Age of Terror", in *The Idea of Communism*, Costas Douzinas & Slavoj Žižek, London and New York: Verso, 2010, pp. 33 – 66.

❷　Bruno Bosteels, *The Actuality of Communism*, London and New York: Verso, 2011, p. 238.

❸　转引自 Jodi Dean, "The Current Situation and Our Tasks: Bosteels' The Actuality of Communism", *Theory & Event*, Vol. 14, No. 4, 2011.

4.3 政 党

伴随着新社会运动的兴起，群众的组织问题被提上议事日程，政党问题不可避免地再次被提出来。那么，"新共产主义"代表人物关于政党的观点是什么呢？

4.3.1 政党是激进共产主义的主体性组织

波斯蒂尔借鉴阿兰·巴迪欧和加西亚·利内拉的观点，提出了自己的政党观。

就国家而言，加西亚·利内拉很显然分享了马克思和恩格斯表述过的并被巴迪欧和奈格里不断重复的这样一种观念，即现代国家，不管它的形式如何，本质上都是资本主义的机器，资本家的国家，理想的总资本家。国家是这样一种总体的社会关系，不止是一种能力或权力渴望的野心。国家以一定方式囊括了我们所有人，这就是其公共含义的起源之处。换句话说，国家最终的基础不过是平民的潜力，它总是能够通过剥夺剥夺者来显示自己。加西亚·利内拉注意到马克思1860年1月29日写给《新莱茵报》编辑斐迪南·弗莱里格拉特的信，认为政党是在广泛的历史意义上的政党，提出历史意义和短暂意义的政党形成了马克思关于政党的历史辩证法，并要求恢复和正确地重估政党在这两种意义上的辩证关系。

波斯蒂尔注意到了加西亚·利内拉的观点，他进一步提出："难道我们不能在广泛的历史意义上清晰地表达恢复政党的观念吗？"❶ 波斯蒂尔同意巴迪欧关于政党的观点："对马克思或列宁来说，强调政党非常关键，他们在这点

---

❶ Bruno Bosteels, *The Actuality of Communism*, London and New York：Verso, 2011, p. 242.

上是一致的。政党的真正特征不是坚定,而是对事件的渗透性,面对不可预知的环境的灵活性。"❶ 在此基础上,波斯蒂尔提出了自己的政党观:"政党,换句话说,不再是当我们与党员齐声鼓掌时在我们背后管理事情的历史必然性的化身。它指在不可预测的环境中忠于事件的灵活组织。"❷ 更准确地说,这是波斯蒂尔的一个重大贡献,他辩证地利用思辨左翼主义的批判眼光,坚持将共产党作为 "国际政治主体性的共同的灵与肉"❸。他认为,政党不是执行历史铁的纪律的工具,而是忠于政治事件的灵活性组织。

波斯蒂尔并没有坚持传统政党的组织形式,但他仍坚持党是共产主义的化身,是一种现实运动中的组织。通过重新确立着眼于国家权力的行动的首要地位,波斯蒂尔打破了巴迪欧等学者的反政府主义,转而赞成齐泽克的主张,"不要远离权力,真正的任务应该是使权力自身在无权力状态下运行"❹。齐泽克的论述正好支持了波斯蒂尔的立场。

在 "共产主义的现实性" 这一章中,波斯蒂尔向理论化迈出了至关重要的一步。共产主义政党和新的共产主义者是社会和国家之间的联系环节,他既没有退却到哲学共产主义,也没有沉湎于对国家和议会机构的左翼失败的忧郁依恋,而是通过大规模起义和武装斗争的历史大胆反思了共产主义、政党和国家之间的联系。他把注意力转向拉丁美洲的实践,并关注到阿尔瓦罗·加西亚·利内拉的观点。❺ 乔蒂·狄恩也同意波斯蒂尔的政党观,赞成他为激进共产主义主体性组织的辩护。

---

❶ Alain Badiou, *Metapolitics*, trans. Jason Barker, London: Verso, 2005, p. 74.

❷ Bruno Bosteels, *The Actuality of Communism*, London and New York: Verso, 2011, p. 243.

❸ Bruno Bosteels, *The Actuality of Communism*, London and New York: Verso, 2011, p. 239.

❹ 转引自 Jodi Dean, "The Current Situation and Our Tasks: Bosteels' The Actuality of Communism", *Theory & Event*, Vol. 14, No. 4, 2011.

❺ 参见 Jodi Dean, "The Current Situation and Our Tasks: Bosteels' The Actuality of Communism", *Theory & Event*, Vol. 14, No. 4, 2011.

4.3.2　政党是团结而激进的国际组织

4.3.2.1　政党依然是政治上可行的思考和行动形式

乔蒂·狄恩指出，希腊的左翼联盟、西班牙的社会民主力量党"我们可以党"（Podemos）以及一些政党努力表明，党仍然是政治上可行的思考和行动形式。左翼政治进程在争取政治权力的斗争中越来越整合在了一起。有鉴于此，我们应该接受挑战，为平等的世界而战，用意志和群众的积极性来构建政治集体。乔蒂·狄恩认为，政党不应预言这个世界，而应表明现有世界与我们渴望的世界之间的差距。

乔蒂·狄恩的观点不同于左翼政治对政党的理解，她认为，共产党需要在构建和行使政治权力方面思考和行动，而左翼政治则仅仅强调个人选择、参与和多元化的自由主义。❶

乔蒂·狄恩提出，共产主义者要再次采取政党的政治形式，需要按照建立和运用政治权力的原则来思考和行动，而不止是强调坚持对个人选择、参与和多元化的自由主义的左翼政治的理解。❷ 长期以来，美国、英国、欧盟的左翼政治反映出新自由主义经济学、非集权化、灵活性和创新的倾向。即使是对私有化的新自由主义冲击也反映在左翼政治中。在这个紧要关头，一些左翼人士彻底放弃了社会变革，他们让社会和国家服从于资产阶级统治，而资产阶级作为全球政治阶层则有意将触角伸向了我们的生活和未来，并加强了其掌控。

当前，幸运的是，我们看到了左翼政治进程和以前一样在争取政治权力的斗争中越来越将左翼整合在一起。希腊左翼联盟的成功，西班牙社会民主力量

---

❶ 参见 Jodi Dean, "Red, Black, and Green", *Rethinking Marxism*, Vol. 27, No. 3, 2015, pp. 396 – 404, http: //dx. doi. org/10. 1080/08935696. 2015. 1042694.

❷ 参见 Jodi Dean, "The Party and Communist Solidarity", *Rethinking Marxism*, Vol. 27, No. 3, 2015, pp. 332 – 342, http: //dx. doi. org/10. 1080/08935696. 2015. 1042701.

党的兴起,德国左翼党和英国左翼团结党的努力表明,政党对于政治思考和行动仍然是一种可行的方式。事实上,这些成就证明了政党形式作为一个政治试验的生命力。2015 年,Verso 的高级编辑锡巴斯琴·巴奇采访了著名的激进左翼联盟成员斯塔西斯·库维拉基斯,库维拉基斯把左翼联盟描述为混合的党、合成的党,它一只脚踏在希腊共产主义运动的传统中,另一只脚踏在已经出现在新时期的激进主义的小说形式中。正如库维拉基斯所说的,政党是政治斗争的一个灵活组织,它远离了刚性和统一的想象。

4.3.2.2 政党是一个联合的形式

狄恩从两个方面对政党进行了思考,一方面,她提出了共产主义左翼政党的必要性。考虑到种族暴力的持久性,国家运行不仅作为维护资本主义生产方式的工具,而且作为维护种族等级制度的工具,它在政治上对组织问题和身份的挑战几乎难以负荷,难怪左翼会转而诉诸道德主义并明哲保身。求同存异比建立足够强大到行使权力的左翼更加容易,尤其是考虑到国家权力通过跨国公司、贸易和条约遍布全球。狄恩认为,人们沿着个人主义占优势的意识形态也更容易,个人主义意识形态仅仅要求大家首先照顾好自己,而不是把自己放在一边,去专注于利用集体力量占领、重新配置和在不同层次重新调整机构来制定策略。在这里,并不是每一个共同体的愿景都具有兼容性。

如果这样一个激进的左翼政党可以超出希腊和西班牙得到延伸,如果它可以延伸到北美,那么就有可能实现共产主义和反种族主义的联合。乔蒂·狄恩使用 "红、黑和绿色" 作为启发式的问题,来关注政党有必要联合这一问题。乔蒂·狄恩双管齐下,反对对于政党的形成更喜欢有一千种选择的批评人士。希利认为,一千种选择等于别无选择,因为它离开了竭尽全力保护资产阶级利益不受损害的资本主义政治体制。

在共产主义和反殖民主义斗争的历史中,人们有意识地重申黑人解放的旗帜颜色:红、黑和绿色的启发式立场。英国的左翼联盟在其标志中统一使用红、黑和绿色来表明类似的立场。这些颜色没有固定的含义,并以不同方式出现在解放及平等斗争的历史中。在近期的斗争中，红色表明反对债务、紧缩、共同的个性、联合反资本主义以及共产主义的政治。黑色表明支持世界产业工人联盟（IWW）、无政府主义者、黑人权力、反侵略政策的运动等。绿色指向气候正义，一种应对气候变化的方法，超越了资本主义强调煤炭市场和包括废除以煤炭为基础的经济和全球财富再分配的绿色商品。

这三种颜色不应被解读为三个独立的问题或分组，而应该被理解为一个相互支持、相互影响的统一体。例如，公平应对气候变化不符合资本主义的延续。反种族主义引导我们关注那些在市场驱动下解决气候变化的方案中最有可能被利用和牺牲的对象，这也标志着集体权力中左翼内部分裂的历史事实。

现在，运动正在推动共产主义者与气候和种族政治组织的联合。在美国进行抗议活动的"道德星期一"（Moral Mondays），汇集了一些围绕种族正义、削减公共服务和环境问题的政治关注。这些抗议活动包括游行和非暴力反抗行为。抗议者令人心碎地提醒："黑人的命也是命"，他们呼吁废除制度化的继续贫困、监禁以及到处杀死黑人的权力结构。美国密苏里州弗格森市的抗议活动起因于2014年8月9日美国密苏里州18岁的非裔美国大学生迈克尔·布朗枪击案。这一案件，把公众的注意力从警察的军事化和国家力量的增强转到了富人的防御和白人反对贫穷、棕色和黑色的无产阶级。

在资本主义国家，警察力量的增强试图延缓人们对几十年暴力征收和气候变化灾难性融合的回应。气候正义的需求把伴随资本主义发展的经济不平等置于气候改变的全球讨论的中心。卡特里娜飓风过后，新奥尔良的图片以及诸如"牺牲区"的术语帮助阐明了这一问题。问题不是孤立的，也难以统筹兼顾。因此，左翼正在指导自己进行联合，并制定能把握复杂性和改变世界的政治纲领。政党是一种联合的形式，它提供了一个地点，在这里，我们将自己联系为同志，作为战斗集体的团结一致的成员。

另一方面，狄恩认为，政党必须弥合分歧并与群众联合起来。现在，要紧的是组织起来反对资本主义，我们处在同一个位置。为弥合分歧，争论是难免的，但这一争论的答案很重要。

狄恩响应拉姆齐的号召，用新的、解放的劳动分工联合政党，并把这一分工理解为党对其积极分子的必要影响。当我们参与集体斗争时，分工的作用将支持我们。共产党的观点是集体主义的观点，它超越了资本主义社会要求的个性。

政党是一种集中并引导群众潜力的政治形式，使群众运动沿着运动开辟的正确道路前进。政党可以做到这一点，通过动员群众，可以将运动的道路转向立法或政策优势。政党可以通过作家和评论家这样做，给运动以特定的解释。无论如何，政治的主体是集体的民众，这意味着其行动如选择或决定不能被简化为与个人相关的事物。行动的持久性需要主体，需要一个载体。没有载体，它的潜能就会消散。然而，有了载体，有的潜力减少了，有的潜力消除了，甚至造成了行动的终止。这一损失是主体内部的分歧造成的。

从美国共产主义的历史看，分歧确实在起作用。1930 年代早期，美国共产党的出版物《政党组织者》大都是关于如何招募和留住新成员的文章。月复一月，许多匿名作者、区域级组织者对增加新成员表示兴奋，并对党未能留住他们而感到沮丧。他们担心会议时间太长，会议没有准时开始和结束，以及他们没有足够吸引力。他们建议，党的会议最好不超过两个小时或两个半小时，三个小时是绝对限度。区域组织者被建议去家里接成员，带新成员参加会议，老成员被提醒与新成员交谈。美国共产党杂志的作者们让人感觉到了工人的热情和认真的愿望，但又指责工人退党的事实，认为招来的人到了党组织中却听不懂他们的术语。没有人关注新成员，因此他独自相处，热情冷却，变得沮丧，失去了热情，最后退党。

术语是造成分歧的一个症状。术语意味着人们和党不说相同的语言。即使党员就是工人，这也标志着工人和党员之间的分歧。成员共享的语言，使他们用术语而不是资本主义的世界观，加强归属感的同时也阻碍了归属感。正如共产主义者从事的活动使他们从工人中分离出来一样。什么让他们成了共产主义者？什么把他们从资本主义的限制中分离出来？恰恰是资本主义的限制为他们提供了政治能力和信念。他们不仅是试图改善自己日常生活的经济生产者，也是创造集体力量的政治生产者。

克服这种分裂的建议就是想象自己是一个同志，而不是教授。组织者被这样建议，不作为经验丰富的共产主义理论家，而是真正成为工人中的一员。其他建议包括干部更好地发展并在教育方面做更多的努力。还有一些人强调要改善和工人的关系，要想象自己是一个同志，每周至少两到三次访问工人。

人们入党的共同愿望把他们从供应补给品的日常实践中分离出来。一旦他们成为共产主义者，他们就会从党员的视角理解自己和世界，他们看待世界的方式就会与以前不同。但是，他们必须继续想象自己是工人，有义务进行经济斗争。因此，我们需要逐步教育工人，从削减工资到失业现象，让他们认识到有组织的必要性。一开始不要显得过于坚持。组织者必须从工人的角度着手并引导工人转变视角，从不同的地方进行观察。

希利谈到了愿景的可能性和识别的可能性。谁正在展望和识别？狄恩认为是政党。有一些主体、协会或团体已经认识到这一点并采取各种行动，把理论落实到工作中。没有这个集体的主体，认识和行动依然是个人的。此外，敌对的关系从视野中逃离了，被多种可能性代替了。

我们应该接受构建政治集体主义的挑战，用意志和群众为一个平等的世界而战。政党不应预言这个世界，而应表明现有世界与我们渴望的世界之间的差距。❶

4.3.2.3 团结和激进是政党的特征

乔蒂·狄恩在为党的观念作辩护，她设想的党不是国家的、民选的党，而是一个团结激进的国际组织。乔蒂·狄恩反对左翼现实主义者的观点，即党是一种过时的或完全饱和的政治形式，认为这种观点已降到抵抗的短暂行为。狄恩认为，现实条件促使我们重思并复兴政治组织形式，通过它，共产主义者在

---

❶ 参见 Jodi Dean, *Red, Black, and Green*, *Rethinking Marxism*, Vol. 27, No. 3, 2015, pp. 396 - 404, http://dx.doi.org/10.1080/08935696.2015.1042694.

集体思考政治权力，为了权力而共同行动，为了集体决定而相互鼓励。左翼政治不应强调差异，而应致力于达成共识。党就是这种主张的实现形式。

当左翼与组织起来的激进政治断开联系时，不管怎样，他们投身到了交往资本主义的洪流中。他们不是对抗的，也没有提供一种替代物。在他们后面没有政治权力，他们仅仅是没有可能性的可能性，只是供消费者选择的东西。

狄恩以美国为例来说明自己的观点，她指出，今天公民社会的媒介机构已经明显改变了，更多的人比美国历史上的任何时期都孤独。由于几十年的反性别歧视和反同性恋斗争，和三十年前相比，即使是保守的人也接受了更加广泛的生活安排。美国的工会成员也处于最低生活水平，工资停滞不前且不断下降。正在减少的蓝领、服务行业及最低工资的工作，导致中产阶级的生活标准下降。面对这些新情况，左翼政党正在与资产阶级妥协。

资本主义私有化以及工会的弱化造成了能够维持中产阶级生活质量的工人阶级工作的丢失。后果之一就是作为工人阶级文化组成部分的大批社团协会的废除。在美国，工人阶级虽然为提高工资进行了斗争，但几乎没有意识到自己是一个阶级，更别说是一个革命阶级了。

美国文化不再是大众文化，美国政治同样也不再是大众政治。主流选举政治如此专注于筹款，越是穷人支持的政策得到支持的可能性越小。即使资本已巩固了其阶级力量，左翼的政治斗争对于福利国家中新自由主义解体至关重要，但问题是左翼政治同样也远离了大众维度。

安东尼奥·奈格里在 20 世纪 80 年代中期评论他与法国后结构主义的主要代表伽塔里合写的一篇文章时认为，70 年代后期，资本主义生产的新组织导致主体被嵌入一种无法克服的矛盾之中，因为社会合作反对资本主义控制的结构越来越强烈。他注意到，即使是当他们承认网络交往中新技术的重要性，也没有将分析推得更远。他们应该发现反抗的新的可能性。狄恩认为，他们应该已经认同占领和征服的新形式，社会媒介分解和代替了社会合作与资本控制间的矛盾。通过个性化的、无所不在的媒介的相互作用，我们离开了能够被存档、查找、卖给广告商的踪迹。我们能与他人相联系，分享我们的希望与梦想，用点击链接、喜欢与分享强化了资本主义控制。作为网络革命者，勇敢地向所有朋友转发视频。我们可以按照需要在家工作，我们的媒介社会更确信，资本主义控制比前公民社会的机构控制更加结构化，尤其是在扩大了对个人禁令的情况下。

尽管交往资本主义之放大了的个人主义是一个社会的媒介机构的变化形式，但它并不新颖。资产阶级社会既没有在工人阶级中灌输政治团结的基本知识，也没有给工人阶级提供适当的原材料，即机构、性能以及使工人能够在政治上联合起来的预期。狄恩认为，在美国，坚持个人主义在持续无产阶级化的过程中强化了1%的人与"其余的人"之间的鸿沟。在资本主义社会中，人们贫困化、无产阶级化并在实践中单独面对这种贫困化和无产阶级化。

尽管左翼失败了，新的可能性却随着激进学者再次求助于共产主义观念而出现。这些可能性在美国、加拿大、埃及、西班牙、希腊、土耳其所见的新一轮斗争和占领运动中得到了增强。共产主义是我们所拥有的与资本不妥协同时也主张一种有效替代的语词。

1%的人比起"其余的人"更能顺利渡过危机，更能增加股份。工人阶级政党是必要的，因为阶级斗争不仅是经济斗争，更是政治斗争。一种组织的前提在于团结。政党坚持公开共同政治意志产生的政治空间，在这些条件中，大多数人发现他们在被迫出卖自己的劳动力，劳动是强制性的和被决定的。而在政党中成员则是自愿的，是联合力量的有意志的形式。在其成员中，党用团结代替了竞争。

阶级斗争是政治手段，它超越了将人们确定为具有特殊利益的工人。换言之，工人阶级是资本主义的主体，它作为一个阶级被限制在资本主义设置的某一领域中，并在这个领域中得到了位置。因此，它有可能拒绝和抵抗、怠工和罢工，但所有这些行动依然局限于资本指定的领域内。而作为政治的主体，要求打破或扭转，并转向其领域，即政党领域。

政党不仅是劳动联合的自然结果或延伸，而且是消灭资本主义并引领共产主义的一种形式。它占据分工的位置，公开坚持一种新的集体政治主体，这一主体是无产阶级；对狄恩而言，它是除 1% 的人以外的 "其余的人"。

人是分裂的，政党很有必要。我们按照既定的方式即在资本主义内的位置被分裂了，我们位于让我们知道我们是谁以及我们能干什么的领域内，位于建立自己欲望的领域。但在阶级斗争中，政党代表了这一领域的真理。

政党主张这种真理，它从这种真理的立场说话，并提供另外的可能性领域和另外的主体性论述。反之，与资本主义欲望相对，政党为另外的主体即集体的政治主体的欲望开启了一个领域。政党并不知道每一件事，但它提供了一种通过经验获得知识的形式，以及通过共产主义视域的视野分析的形式。

不使用政治权力，我们就无法改变世界。缺乏政治组织，就不会取得政治权力。就绝大部分人而言，我们的问题与其说是组织的一个细节，不如说是一种巩固的政治意志。当这种意志形成时，人们将根据所面对的挑战解决结构的问题：通过扩展军事压力的方式鼓舞和教育干部。在清除私有财产和资本主义金融系统的同时，在艰难的环境中提高国际合作。提高公共支持和发展，处理共同关心的环境、健康、运输、交流、食品、住房及教育等问题。狄恩认为，五年或十年规划是有益的。激进左翼的联盟或新的共产党可能在现存组织的集中力量中成长。

在最低层次上，如果我们有机会夺取政权，重新格式化生活与工作的条件，我们需要一个共同的名称作为划分的基本标志。否则，我们的名称就会被资本给予，资本会寻求碎片化并把我们搞乱。

除了需要一个共同名称外，我们还需要明确我们能信任谁，并需要超越局部的关系和小的网络以扩展信任联系。缺乏团结是目前最大和最具挑战性的问题。没有团结，共同体就不可能出现。我们必须将自身组成能够对付全球资本的政治力量。

政党的建设需要有共同的名称、基本的结构性要素、内嵌式的组织关系、共同的任务及目标。政党是致力于新社会秩序的政治形式，它要求其成员舍弃

自我主张，并承认齐心协力比坚持自己的独特性更重要。❶

4.3.2.4　交往资本主义社会中的群众与政党

在乔蒂·狄恩的著作《群众与政党》中，她对被个人主义分裂的美国左翼做了分析。她指出，对于那些仍有兴趣终结资本主义剥削的人来说，政党不是组织斗争或左翼策略的结果，而是资本主义自身发展的直接结果。现在，自发论被重新塑造为自治权。

哈特和奈格里将左翼失败转向重新想象共产主义政治的机会，这种想象需要通过突出分裂、对抗及政治组织才能前进一步。共产主义能比先前的各种学说更彻底地支持被压迫者，指导被压迫者的各种斗争。多样化不是取代阶级，而是被理解为一种阶级特征，这非常重要。

实际上，在交往资本主义社会中，斗争目标成为生产多样化的群众。政治效应是未能建立一个具有持久能力面对和取代资本主义生产方式的集中的政治力量。在某种程度上，多元化及伴随的个性化是左翼政治优先考虑的事。这是左翼的形象。斗争的新周期表明了来自集体的政治力量。共同的名称、策略和形象正在将碎片整合在一起，使它们变得更加清晰。碎片化暗中破坏了团结，分散并削弱了我们。近期的群众事件促使形成集体力量的新感觉，把多样性的预期推进到了集体政治中。

政党适合这种联合的进程，它提供了一种跨越多重层次和领域的政治形式，是在不同范围有效运转的组织形式。而且，政党是来自政治经验的知识的传递者，它承认知识的广度和深度对政治斗争和原则的重要性，并将斗争问题置于战斗的广阔视域的平台。

希腊激进左翼联盟的选举胜利表明了政党形式的新关联。强烈的政党政治传统是希腊政治文化的一个特性，但左翼联盟的最初胜利部分源自共产党组织

---

❶　参见 Jodi Dean, "The Party and Communist Solidarity", *Rethinking Marxism*, Vol. 27, No. 3, 2015, pp. 332 – 342, http: //dx. doi. org/10. 1080/08935696. 2015. 1042701.

的创新：对社会运动的承诺，尊重运动的自主权，当地团结网络的支持，以及足够的参与机构似乎能在国家政治生活层面上改变力量的平衡。对一些左翼而言，尤其是在美国和英国，明显缺乏以上特征，因而其行动无法获得动力。人群积聚，但不会持续。相比之下，希腊左翼联盟的最初成果则展示了党和群众之间的动态关系：群众推动党超出其预期，党在群众中发现人民的勇气。

　　左翼联盟政治开放的另外三个方面有助于反思今天的政党。第一，应关注政治胜利的限制局限于民族国家的层面。不仅欧洲，全球金融管理机构都限制了国家政权的回旋余地，这在国际上对左翼提出了挑战。至少，提出强有力的左翼联盟和协调的制度策略的必要性，将更大限度地引导我们走向作为这种联盟和战略的基础的政党。第二，政党不一定对每个人都是最重要的。正如个人是内在分裂和矛盾的一样，意识和无意识的欲望之间也存在分裂。政党也是如此，主体不具有同一性。政治形式并不是纯粹的。尽管左翼联盟无法兑现其承诺，但它改变了可能的领域。由于左翼联盟，欧洲、英国和北美左翼有了他们以前缺乏的政治可能性的意识。第三，关注政治意愿是有益的。斯塔西斯·库维拉基斯认为，"我们可以党"（Podemos）在西班牙的经验以及希腊左翼联盟表明，如果激进左翼制定了合适的建议，那它就可以成功地了解这些运动，并提供一种可信的、他们所要求的政治团结。制定合适的建议取决于政治意愿，左翼能够搁置其差异，组织并战略地思考追求政治权力。今天，左翼更少关注政党组织的细节，如其成员的要求、集中与网络结构、负责任的领导机制，等等。左翼能以实现真正的政治进步的方式建立广泛的联盟吗？

　　在交往资本主义条件下，在资产阶级进行资本积累和剥夺的过程中，群众是指那些无产阶级化、交往活动被剥夺的人。受激进民主、无政府主义和后马克思主义理论鼓舞的那些人，可能回避对党的回归。这是不应该的，因为党是政治斗争的一种基本形式。列宁在《共产主义运动中的"左派"幼稚病》中批判了德国"左派"共产党人，论述了领袖、政党、阶级、群众间的相互关系。他指出："谁都知道，群众是划分为阶级的；……在通常情况下，在多数场合，至少在现代的文明国家内，阶级是由政党来领导的；政党通常是由最有威信、最有影响、最有经验、被选出担任最重要职务而称为领袖的人们所组成的比较稳定的集团来主持的。"❶ 根据列宁的论述，如果有必要寻找当前政治僵局的出路，那么政党也可以成为试验和改变的一个场所。政党把无意识过程联系起来，使共产主义政治主体联合起来，通过提供我们可能缺乏的力量和方向，产生实践的乐观主义，使斗争得以持续。

许多人避免把党当作政治权力、决定和组织的一种形式，他们重新陷入个人自治的主张，重新确立资本主义意识形态。放弃政党形式，就抛弃了构建集体力量的可能性。政党释放的权力，将成为改变世界的力量。❷

综上所述，狄恩把过去五年走上街头的不受约束的群众活力转化成了为政党辩护。她拒绝强调个体和群体，主张我们需要反思政治的集体主题。当群众出现在不受资本和国家控制的空间时，如在纽约、伦敦并波及全世界的占领运动中，他们便打开了一种可能性的缺口。狄恩认为，先前关于政党的讨论未能抓住情感的维度，把政党当作一种无意识的过程和人们捆绑在了一起。狄恩展示给我们的，是如何将政党看作复兴政治实践的一种组织，并解释了大规模抗议是如何变成一种有组织的集体维权的。

狄恩的政党观引起了广泛的关注和评论。《资本主义的现实主义》（Capitalist Realism）一书的作者马克·费舍尔认为，在这部迷人而令人愉悦的著作中，与新无政府主义者的陈词滥调相反，乔蒂·狄恩表明政党形式和阶级斗争远未过时。《抑制惊涛骇浪》（Damming the Flood）一书的作者彼得·霍瓦德指出，乔蒂·狄恩的新书不仅及时提醒我们必须彻底和慎重地改变原子化的社会，要求集体行动和军事组织，而且充满激情地分析了共享政治承诺的断裂，将热情的组织经验和持续而稳定的纪律联系在了一起。汉普顿学院的德里克·福特认为这本著作写得很清楚，有说服力，且热情激昂。狄恩给我们左翼的不

❶ 《列宁选集（第四卷）》，北京：人民出版社2012年版，第151页。
❷ Jodi Dean，"Imagining the Communist Party again as a force：Jodi Dean on left politics and the party"，11 February，2016，http：//www.versobooks.com/blogs/2489 – imagining – the – communist – party – again – as – a – force – jodi – dean – on – left – politics – and – the – party.

只是失败的诊断,更重要的是摆脱困境的出路:共产党。《开放文学月刊》
(*Open Letters Monthly*)的马特·雷认为,狄恩提出了一个强有力的观点:从长
远来看,政治运动只有超越直接的表达,才能推动群众和政党。《香港书评》
的阿尔菲·鲍恩指出,乔蒂·狄恩的著作反对那些致力于个体的人,要求一种
新的、更具颠覆性的政治的集体话题。狄恩的著作审视了群众和政党在试图提
供一种政治前进方式中的作用。❶

　　狄恩为共产主义观念的必要性、共产党做了哲学辩护,她既支持波斯蒂尔
和齐泽克,也支持列宁和卢卡奇,但反对阿兰·巴迪欧。狄恩关于党的形式的
许多主张是通过她对"占领华尔街"的批判分析提出的,她主张占领运动不
会解决组织问题,但却再次提出了这一问题。对狄恩来说,"占领华尔街"的
力量大多来自共产党能够和应该表现的方面。

　　狄恩主张占领,部分地通过建立和维持能够使更广泛的群众加入这场运动
的斗争的持续性,履行了卢卡奇和列宁把政党视为必备要素的关键功能。狄恩
认为,占领使人民群众与资本主义的矛盾戏剧化了。她对占领运动提出了尖锐
的批判,但她仍相信这场运动,鼓励占领以先锋队一样的方式发挥作用。

　　关于政党的本质特征,狄恩指出,政党代表了一种明确的集体主张,一种
承担责任的结构,一种承认现有体系带来能力差别并试图消解能力差别的思
想,一种团结的媒介。一种新型政党应该灌输纪律,它应该是一种对具体形势
有灵活反应能力的组织,能适应突发事件和特殊环境。关于健全的、充满活力
的和反应敏捷的政党的先决条件,狄恩认为,核心是继续与斗争的无产阶级大
众保持相互作用。政党必须成为人民群众自我理解与自我表达的媒介,而不是
监视他们的组织。

　　狄恩主张,政党不是为人民解决矛盾,不是有求于人民,而是满足人民自
身的需求。在某种程度上,政党起着训练有素的分析师的作用,它帮助无产阶
级大众意识到他们已有的愿望,有足够的信心和勇气来承担责任。党的作用不

---

❶　https：//www.versobooks.com/books/1991-crowds-and-party.

是满足人民群众的共同愿望，而是保持那种愿望，以免使这种愿望被淹没和忽略，是带给它自我意识。

关于政党，列宁的精辟论述在今天仍具有重要的指导意义。列宁强调政党和党的纪律的极端重要性，认为"否定政党和党的纪律，——这就是反对派得到的结果。而这就等于完全解除无产阶级的武装而有利于资产阶级。这也恰恰就是小资产阶级的散漫、动摇、不能坚持、不能团结、不能步调一致，而这些一旦得到纵容，就必然断送无产阶级的任何革命运动。"❶ 列宁认为，政党在斗争中起着重要作用，"没有铁一般的在斗争中锻炼出来的党，没有为本阶级一切正直的人们所信赖的党，没有善于考察群众情绪和影响群众情绪的党，要顺利地进行这种斗争是不可能的"❷。列宁进一步指出，否定政党等于脱离了斗争实际："从共产主义的观点看来，否定政党就意味着从资本主义崩溃的前夜（在德国）跳到共产主义的最高阶段而不是进到它的低级阶段和中级阶段。"❸

不可否认，相对于列宁的观点，狄恩关于政党的定义在很大程度上是从哲学层面讲的。无论在美国还是在其他地方，她都没有提出关于特殊的社会力量、机构、组织或构成共产主义政党具体基础的构想，而只是限于学术讨论的范围。资本主义社会的缺陷是什么？今天培育和组织共产主义愿望的时机成熟了吗？狄恩没有回答这一问题，但她帮我们提出了问题。狄恩只是试图清理场地，并鼓起勇气，以便使实际而具体的集体讨论能够举行。❹

回顾马克思主义发展史上卢卡奇和列宁对唯物辩证法本质和核心的两种解读，有助于我们加深对以上问题的认识和理解。关于对马克思主义的认识，卢卡奇指出，正统马克思主义并不意味着无批判地接受马克思研究的结果。它不

---

❶ 《列宁选集（第四卷）》，北京：人民出版社 2012 年版，第 154 页。
❷ 《列宁选集（第四卷）》，北京：人民出版社 2012 年版，第 154 页。
❸ 《列宁选集（第四卷）》，北京：人民出版社 2012 年版，第 154 页。
❹ 参见 Joseph G. Ramsey, "Citing the Red Horizon: Assuming the Communist Condition. Critical Reflections on Jodi Dean's The Communist Horizon", *Socialism and Democracy*, Vol. 27, No. 2, 2013.

是对这个或那个论点的信仰,也不是对某本圣书的注解。恰恰相反,马克思主义问题中的正统仅仅是指方法。从卢卡奇的论述我们可以看出,他把马克思主义仅仅归结为方法。言下之意,只要掌握了马克思主义的方法,就是一个马克思主义者。这里,需要对"方法"做一个认真的分析。按照哲学的一般原理讲,方法论和世界观、方法和理论观点是紧密相关的,世界观是人们对世界的总的看法和根本观点。方法论是人们认识世界、改造世界的一般方法,是人们观察事物和处理问题的方式。概括地说,世界观主要解决世界"是什么"的问题,方法论主要解决"怎么办"的问题。方法论以世界观为前提,方法不能脱离观点、理论而存在。可见,一定意义上,世界观就是方法论。因此,如果从这个意义上来理解,卢卡奇这段话是很难令人信服的,即无须接受马克思主义的观点,只要掌握马克思主义的方法就是一个马克思主义者了,那么,方法从哪里来?

对于卢卡奇的这一观点,我们要联系他提出问题的背景加以评述。卢卡奇在 1923 年出版的《历史与阶级意识》一书着重批判的是第二国际的庸俗化马克思主义和机械唯物论,当时其还没有摆脱资产阶级唯心主义哲学的影响。在阐明马克思主义的辩证法、强调实践观点的同时,却忽视了马克思主义哲学的自然本体论基础。19 世纪末 20 世纪初,资本主义在经济、政治、社会、文化等方面发生了剧烈的变化。最大的变化就是,以电力的广泛应用为特征的第二次科技革命极大地促进了资本主义生产力的发展,在主要资本主义国家内部和各主要资本主义国家之间造成了新的不平衡;在生产关系方面则是随着资本积聚和集中的迅速发展,造成了资本主义由自由资本主义向垄断资本主义的发展。伯恩斯坦和考茨基注意到了资本主义的这种变化,但认为发生了实质性变化,以卢森堡、梅林、拉法格为代表的理论家认为资本主义并没有发生实质性变化,但却忽视了资本主义发生的阶段性变化,因而都造成了理论上的失误。针对这些理论上的失误,卢卡奇对之做出了理论上的回应和批判。

首先,他反对把马克思主义教条化。卢卡奇认为,作为一个马克思主义者不能仅仅掌握或背诵马克思主义的一个个理论观点,因为,各个个别的理论观点是马克思恩格斯基于一定的历史条件结合具体的对象而得出的结论，对它们的实际运用，只能是随时随地都要以当时的历史条件为转移，超出具体的历史条件而到处运用马克思主义的原理，即使对马克思主义的本本、条条倒背如流，也不能说是真正的马克思主义者，在实践中只能滑向教条主义。而教条主义则最容易装出马克思主义的面孔，最像马克思主义者。毛泽东就曾反复指出，真正的马克思主义者，是能够依据马克思列宁主义的立场、观点和方法，正确地解释历史中和革命中所发生的实际问题，能够在中国的经济、政治、军事、文化种种问题上给予科学的解释，给予理论的说明。也就是说，在解决具体问题的时候，我们所拥有的只能是在马克思主义基本原理指导下的科学的世界观和方法论。因此，我们姑且不论卢卡奇将方法与论点、方法与结论相分离，是否可以把马克思主义问题中的正统仅仅是指方法看作一般性结论，但是在马克思主义发展史和社会主义运动中把马克思主义教条化和庸俗化是非常危险的事情，卢卡奇强调不能把马克思主义当教条，而应把它作为方法的观点，无疑是具有历史的合理性的。

其次，他批判了把马克思主义庸俗化为"经济决定论"。"经济决定论"的特征就是，主要看重人类社会发展的经济动力特征，而忽视人的思想观念、政治法律制度对历史发展的反作用，他们的最大特征就是从经验科学方面解释马克思主义的科学性，而忽视马克思主义的辩证法，这样就必然将马克思主义引向庸俗化、片面化。伯恩斯坦的《社会主义的前提和社会民主党的任务》，以精密"科学"的名义攻击辩证方法开始，以布朗基主义对马克思的诽谤作为结束，第一次明确而公开地使马克思主义肤浅化，把马克思主义歪曲成资产阶级"科学"。卢卡奇认为，这绝不是偶然的，根本原因就是伯恩斯坦抛弃了总体的观点，不理解辩证方法的出发点和目的、前提和要求，将革命阐释为同整个发展分离开来的孤立行动，而不是理解为变化过程的因素，结果就是把马克思主义僵化为一种机械的专门学科的庸俗经济学。可见，第二国际机会主义者既没有能力理解生活的所谓"意识形态"的形式同其经济基础的联系，也没有能力把经济本身理解为总体，理解为社会现实。正是如此，卢卡奇在批判这种倾向时，特别强调马克思主义的方法，尤其是以总体性为本质和核心的唯物主义辩证法，即不是经济动机在历史解释中的首要地位，而是总体的观点，使马克思主义同资产阶级科学有决定性的区别。

最后，他指出了崇拜日常生活经验、迷恋民主的合法斗争的错误。在伯恩斯坦看来，随着资本主义社会的变化，革命形式的社会主义道路越来越窄，要在新的条件下"发展"马克思主义，必须消解其革命因素；考茨基也认为，在帝国主义时代无产阶级革命的可能性越来越小，要充分发挥议会斗争来争取无产阶级的权益。而其他大多数理论家则认为，工人群众可以通过日常生活经验接受马克思主义，因此，可以通过民主的方式把工人阶级训练成自觉阶级。这些观点给无产阶级革命造成的重大负面影响，就是在实际斗争中必然弱化工人阶级的阶级意识与革命意识。无产阶级的使命，不仅要使无产阶级从资本主义的物质奴役中获得经济解放和政治解放，而且还必须使无产阶级从机会主义的精神奴役中获得思想解放。但是，第二国际机会主义者不仅全面背叛了马克思主义的阶级斗争学说，曲解了无产阶级政党及其使命，而且也歪曲了社会主义的目标和特征，提出所谓"和平长入社会主义"的理想模式，极大地模糊了无产阶级政党的使命。正是基于此，卢卡奇特别强调作为真正的马克思主义者决不能放弃革命的辩证法思想，因为历史唯物主义方法的本质是与无产阶级的实践的、批判的活动分不开的：两者都是社会的同一发展过程的环节。

因此，影响卢卡奇对马克思主义本质认识的，一方面是卢卡奇基于当时的斗争条件，维护和捍卫马克思主义正统的需要，另一方面也是卢卡奇对马克思主义理论的理解使然。

关于"马克思主义问题中的正统仅仅是指方法"，从本质上讲是一个"怎样对待马克思主义"的问题，而不是"什么是马克思主义"的问题。而这里的"方法"指的就是（唯物主义）辩证法。辩证法是唯物主义基本方法论，它要求分析问题要从复杂的实际出发，联系地、发展地、分析地看待问题，将问题一分为二，既要看到事物的积极面，又要看到事物的消极面。马克思主义唯物辩证法有着丰富的范畴，那么作为它最本质、最核心的东西是什么？或者说有没有一个最本质、最核心的东西？卢卡奇和列宁都给出了各自的认识。

卢卡奇辩证法理论的最突出特点，就是坚持总体性的辩证法概念，认为总体范畴是马克思取自黑格尔并独创性地改造成为一门全科学基础的方法的本质，是科学中的革命原则的支柱。卢卡奇把总体范畴理解为唯物辩证法的本质或核心，是与他的"正统的马克思主义指的只是方法"的观点紧密联系的，是这一观点的必然逻辑。卢卡奇将唯物主义辩证法理解为一种革命的辩证法，并提出要弘扬革命的辩证法，就必须批判盲目的经验主义的事实观。辩证法与盲目的经验主义的根本不同，就在于辩证法不顾所有这些孤立的和导致孤立的事实以及片面的体系，而是坚持整体的具体统一。卢卡奇认为，只有把社会生活中的孤立事实看作是整个社会历史过程的各个方面和环节，且把这些方面结合到总体性中，关于事实的认识才能变成现实的认识。这样，总体性在唯物主义辩证法中的地位就被突出出来。

卢卡奇在确立总体范畴在唯物辩证法中的地位的同时，也明确地提出了它的内涵，即总体范畴，整体对各个部分的全面的、决定性的统治地位，总体的观点，把所有局部现象都看作是整体——被理解为思想和历史的统一的辩证过程——的因素。根据卢卡奇的论述，总体性范畴并不是把各种因素、各个环节化为一种无差别的统一性或同一性，它本质上是一种辩证的总体、具体的总体和历史的总体。因此，所谓总体性，它的基本理念就是在整体与部分的关系上，强调整体对各个部分的优越性和意义，没有整体就没有部分，没有系统就没有要素的意义，这是一种本质主义的总体性。它与结构主义的总体性——着眼于部分对于整体的意义，失掉了部分，整体性就不会存在——有原则的区别。具体的总体性是真正的现实范畴，按照总体性的这一原则，事实不是现实，现实是事实的总体，只有在由事实构成的总体中才能够理解和把握事实。在对事实的认识中，把一个具体的事实同别的具体事实联系起来，同该事实从属的总体、该事实存在的环境联系起来，是总体性方法所要求的。

总体范畴本质上是一种历史的总体，即从社会总体的实际作用来认识现象的真正对象性，认识它的历史性质。针对第二国际机会主义者运用自然科学的方法，得出"孤立的"事实、"孤立的"事实群、单独的专门学科的现象。卢卡奇一针见血地指出，这种看来非常科学的方法的不科学性，就在于它忽略了作为其依据的事实的历史性质。为了能够从这些"事实"前进到真正意义上的事实，必须了解它们本来的历史制约性，并且抛弃那种认为它们是直接产生出来的观点：它们本身必定要受历史的、辩证的考察。或者说，只有在这种把社会生活中的孤立事实作为历史发展的环节并把它们归结为一个总体的情况下，对事实的认识才能成为对现实的认识。卢卡奇的历史的总体观，深刻地阐发了马克思主义的认识论，即只有把一切认识客体置于一定社会关系的相互作用中，置于社会历史的总过程中，才能够真正认识事物的本质。

总体性辩证法是为无产阶级行动提供方向的现实方法。马克思主义的命运是与无产阶级的使命密切联系在一起的。总体性范畴不仅可以解释无产阶级和马克思主义哲学的产生，而且为无产阶级的行动方向提供了历史的方法。从总体的观点来看，无产阶级是在历史发展的一个特殊阶段产生的，而且只有在无产阶级发展的过程中，马克思主义哲学发展才能由可能变为现实。无产阶级产生出来之时还是一个"自发"的阶级，无产阶级要逐步提高它对于自身地位、命运的意识，由"自发"阶级发展为"自为"阶级，则需要一个长期的发展过程，并在这个历史过程中得到阐释历史发展规律的唯物主义辩证法的指导。在这个历史过程中，唯物辩证法把无产阶级当作自己的物质武器，无产阶级则把它当作自己的精神武器。无产阶级斗争的各个方面只有和总体性相关联，才获得了其最终解放自己的革命意义，无产阶级也只有在意识上证明这种关系，才能把最终目标赋予日常斗争的现实。正是总体性范畴，合理解释了无产阶级理论和实践、主观和客观的具体的历史的统一。

列宁对辩证法的突出贡献之一，就在于他从唯物辩证法科学体系和发展观的高度，将对立统一学说与否定之否定学说逐步分化，并明确地确定了对立统一学说在辩证法中的核心地位。列宁关于唯物辩证法的实质或核心是对立统一规律的思想，主要体现在其《辩证法的要素》和《谈谈辩证法问题》两篇重要文献中。关于对立的统一是辩证法的核心这一命题，20 世纪 50 年代在国内曾有过热烈的讨论，《学术月刊》编辑部在 1957 年第 8 期曾对这个问题做过综述，直到 20 世纪 80 年代还有人争论，主要集中于辩证法的实质与核心一致与否的观点上。将对立统一规律作为唯物辩证法的核心，在哲学上具有重大的意义。

首先，对立统一揭示了事物发展的根本动力。事物发展的根本动力，是作为发展观的辩证法理论的基本问题。是否承认对立统一学说的地位和意义，是辩证法和形而上学两种发展观根本对立的关键。辩证法认为，发展是对立面的统一（统一物分为两个互相排斥的对立面以及它们之间的相互关系）。形而上学则认为，发展是减少和增加，是重复。形而上学发展观仅仅停留于现象世界的描述，而不能深入到事物的本质，所以不能从根本上揭示事物发展的动力。唯物辩证法并不否认现象世界，而是以承认它为前提的。其革命的意义，就在于它能深入到现象世界的背后，揭示促进事物变化发展的根本原因，这个原因就是对立面的既同一又斗争。

其次，对立统一的核心地位是理解辩证法其他规律和范畴的钥匙。唯物辩证法是由一系列范畴和规律形成的理论体系，在这个理论体系中，其他范畴、规律与对立统一规律形成表现、实例与核心、实质的关系。列宁在《辩证法的要素》中提到的十六个要素，对立统一的原则贯穿于其他要素，而且明确地提出了对立统一规律与其他要素的关系。列宁在第十六个要素后有一个说明，即十五和十六是九的实例，说的就是对立统一规律与内容和形式、质量互变规律的实质与实例的关系。第九个要素说的就是对立统一规律。第十五个要素是指内容对形式以及形式对内容的斗争。抛弃形式、改造内容，这说的是内容和形式这对范畴的关系。第十六个要素是指从量到质和从质到量的过渡，指的是质量互变规律。当然，我们不能仅仅把第十五和第十六要素看作是对立统一规律的实例，列宁在此是从具体关系来说明对立统一规律与其他范畴和规律的一般关系的。其基本依据，就是列宁在列出全部十六个要素后，明确提出了可以把辩证法简要地规定为关于对立面的统一的学说。这样就会抓住辩证法的核心，可是这需要说明和发挥的结论。

最后，对立统一规律是构建辩证法理论体系的重要原则。《辩证法的要素》是列宁建构唯物辩证法理论体系的设想，对立统一规律则是贯穿于列宁的这个设想的一条重要原则。列宁为了建构辩证法的理论体系，在提出了辩证法的三要素、七要素后，在《黑格尔〈逻辑学〉一书摘要》中关于"辩证法的要素"的批注中，提出了辩证法的十六要素，概括了辩证法的主要原理，构成了唯物辩证法理论体系的雏形或草图。根据列宁十六要素的内容，大致可以将其设想概括为六个方面。一是辩证法的唯物主义基础。第一个要素"考察的客观性"，就强调了其构建的辩证法的唯物主义性质。二是辩证法的总特征。第二个要素和第三个要素说的是唯物辩证法联系的观点和发展的观点。三是辩证法的主要规律。第四、第五、第六、第九个要素指的是对立统一规律，第十三、第十四个要素指的是否定之否定规律，第十六个要素说的是质量互变规律。四是辩证法的范畴。第十五个要素说的是内容和形式的范畴。五是关于认识的辩证法。包括第七、第十、第十一、第十二个要素。六是辩证法的实质和核心。

同样是对辩证法本质的认识，由于卢卡奇和列宁二人的理论传统不同，所处斗争条件的不同，批判论敌的侧重点的不同，决定了他们对马克思主义辩证法本质的理解存在一定的差异，他们的结论既有联系又有差别。

一方面，两人理论具有一致性。第一，卢卡奇与列宁的理论环境一致。那就是第二国际正统马克思主义者把马克思主义庸俗化的倾向。卢卡奇和列宁几乎在同一时期（第一次世界大战前后）把理论研究的重心集中到马克思主义的辩证法，并且都着重发展黑格尔的辩证法思想遗产，是那个时代的历史任务的要求。列宁写作《哲学笔记》核心部分（即列宁所写的八个《哲学笔记本》的内容）的时间，正是《历史与阶级意识》酝酿的时间，即第一次世界大战时期的 1914 年到 1915 年。卢卡奇在《历史与阶级意识》的 1967 年新版序言中就指出，当时他不知道列宁正沿着同一方向前进。《历史与阶级意识》问世九年后，《哲学笔记》方才出版。卢卡奇在《历史与阶级意识》中多次提到了"修正主义""马赫主义者""目光短浅的经验论者""比较老练的机会主义者""庸俗唯物主义者"及"庸俗的马克思主义"等，充分说明了他与列宁的论敌是一致的。

第二，理论的相互补充和相互包含。卢卡奇的总体性概念并不排斥矛盾，他不仅承认矛盾的普遍性和客观性，而且还批判了自然科学的方法、一切反思科学和一切修正主义的方法论，不承认矛盾客观性、否认矛盾普遍性的形而上学方法论。在卢卡奇看来，辩证的总体观是能够在思维中再现和把握现实的唯一方法，但是这一结论的正确性是有条件的，那就是一定要注意到这一方法的真正物质基础，即资本主义社会及其生产力和生产关系的内在对抗性。也就是说，总体性范畴之所以是唯物辩证法的实质，是辩证思维的科学方法，就在于它是以现实世界的矛盾和对抗为其物质基础的。这也是唯物辩证法和形而上学的根本区别。对立统一学说也包含着总体性思想，如他在《辩证法的要素》中谈到事物（现象等）是对立面的总和与统一。关于真理的全面性，他指出，真理就是由现象、现实的一切方面的总和以及它们的（相互）关系构成的。他重视并仿照黑格尔的比喻，把哲学史和认识的发展看作一系列圆圈。

另一方面，两人理论阐释的侧重点不同。第一，虽然他们都把理论探讨的重心集中到马克思主义的辩证法上，但卢卡奇侧重探讨的是历史的辩证法，而列宁则侧重于探讨认识的辩证法。在卢卡奇看来，辩证法的根本规定就是主体与客体的相互作用，这种作用只存在于人类社会历史领域，因而只承认历史辩证法，否认自然辩证法。在《历史与阶级意识》（商务印书馆 1992 年版）第 51 页的第 2 个注释中，卢卡奇指出，这里把这种方法限制在历史和社会领域，极为重要。恩格斯对辩证法的表述之所以造成误解，主要是因为他错误地跟着黑格尔把这种方法也扩大到对自然界的认识上。列宁在批判马赫主义中发展了马克思主义认识论，强调认识的客观性，成果就是 1909 年出版的《唯物主义和经验批判主义》，在这篇重要的历史文献中，列宁从真理的实践标准问题、认识论的三个重要结论和人的认识的主观能动性观点三个方面提出了一个比较完整的认识论思想体系。《哲学笔记》则进一步发展了《唯物主义和经验批判主义》中的认识辩证法思想。明确提出人的实践活动和认识活动既具有客观性，又具有主观性；进一步论证了实践和认识的辩证关系；认识过程可以区分为感性认识和理性认识，理性认识高于感性认识；从认识论上揭示了唯心主义的根源。

第二，他们都注重发掘和利用黑格尔的辩证法思想遗产，但卢卡奇比较注重黑格尔的《精神现象学》，列宁比较注重黑格尔的《逻辑学》。为了深入地研究辩证法，列宁十分注重研究黑格尔的逻辑学，因为它集中地反映着近代辩证法的最高成果——黑格尔的辩证法思想。列宁认为，不钻研、不理解黑格尔的全部逻辑学，就不能完全理解马克思的《资本论》，特别是它的第 1 章。马克思就十分重视对黑格尔《逻辑学》的研究。马克思在《资本论》研究时期，曾再次阅读了黑格尔的《逻辑学》，认为它在材料加工的方法上帮了他很大的忙，而且有一个愿望就是如果以后再有工夫做这类工作，"我很愿意用两三个印张把黑格尔所发现、但同时又加以神秘化的方法中所存在的合理的东西阐述一番，使一般人都能够理解。"[1] 这个想法是马克思在 1858 年 1 月 14 日在给恩格斯的信中提到的，列宁摘录了这句话，又加了批注："黑格尔《逻辑学》中合理的东西"，说明他很注意马克思这一未尽的愿望。因此，列宁研究黑格尔的《逻辑学》，在一定意义上就是完成马克思的夙愿。另一方面则是列宁针对 20 世纪初对新康德主义思潮批判的一次重新认识和清理，指出普列汉诺夫等第二国际时期理论家在批判中的一个基本缺陷，就是由于他们不把辩证法作为一门完整的哲学科学来对待，不能把辩证法与认识论结合起来，不理解 "《资本论》逻辑" 与黑格尔逻辑学的内在联系，基本停留在旧唯物主义的水平上，不能从方法论上彻底揭露康德主义和马赫主义的本质。

第三，虽然他们都把批判的锋芒指向了第二国际中把马克思主义庸俗化的倾向，但卢卡奇着重批判第二国际思潮中的机械唯物论，列宁则着重批判第二国际机会主义者的折中主义和诡辩论。是全面地还是片面地理解和应用矛盾学

---

[1] 《马克思恩格斯文集（第 10 卷）》，北京：人民出版社 2009 年版，第 143 页。

说，是客观地还是主观地应用对立面统一的灵活性，是辩证法与折中主义、诡辩论对立的焦点。第二国际机会主义者认为，矛盾不存在于事物之中，而只存在于概念之中，并且只具有消极的性质，即矛盾只能说明思维的错误，而绝不是思维的规律。这实际上是混淆了逻辑矛盾和辩证矛盾，企图排除客观存在的现实矛盾。而机会主义者之所以把现实的辩证矛盾说成主观的逻辑矛盾，往往是为了把马克思主义对社会历史问题的阶级分析和矛盾分析，说成是缺乏客观根据的非科学或反科学的东西。因此，列宁非常重视矛盾的普遍性和客观性，以此来回击机会主义者的攻击。在列宁看来，科学的理论必须遵守形式逻辑的矛盾律，必须防止和排除主观的逻辑矛盾，但同时又必须正确反映客观的现实矛盾。借口遵守形式逻辑的矛盾，而否认现实生活中辩证矛盾的观点是形而上学的。机械唯物论的主要错误在于，一是认为世界万物机械地一成不变地运动，二是在社会历史领域陷入唯心主义。卢卡奇当时正是一个在世界观上处于转变过程中的不成熟的马克思主义者，因而他主要侧重于阐明社会历史领域的辩证法，侧重于从实践、从主体与客体关系角度阐述辩证法，把总体性看作是辩证法的实质，要求在马克思主义哲学中确立主体意识。从马克思主义哲学发展的历史总过程来看，卢卡奇探索辩证法所开拓的方向与列宁的线索相互补充、相互促进，丰富和发展了马克思主义哲学。

从整体上来看，这些学者看到了当代资本主义的新变化，并对新变化进行了积极探讨，不过他们的理论观点仍有很大的局限性。马克思主义认为，无产阶级是最先进最革命的阶级，肩负着推翻资本主义旧世界、建立社会主义和共产主义新世界的历史使命。马克思、恩格斯分析了资本主义社会的阶级对立，指明了无产阶级的历史使命，得出无产阶级是资本主义"掘墓人"和共产主义建设者的结论。无产阶级是没有自己的生产资料，因而不得不靠出卖劳动力来维持生活的现代雇佣工人阶级。这个阶级是社会化大生产的产物，是先进生产力的代表，并具有高度的组织纪律性。同时，这个阶级身处资本主义社会最底层，受到的剥削和压迫最深，是革命最坚决、最彻底的阶级，只有推翻资产阶级的统治，废除资本主义雇佣劳动制度，才能得到彻底解放。也只有这个阶级,才能担当起推翻资本主义旧世界、建立社会主义和共产主义新世界的历史使命。需要指出的是,无产阶级或工人阶级是随社会发展而变化发展的。在当代资本主义国家,传统的产业工人逐渐减少,而其他的雇员阶层则不断扩大。我们既要看到那里的产业工人仍然存在,又要看到其他雇员与雇主之间也具有雇佣性质。

第5章 对"新共产主义"实现动力的探索

关于人类社会的未来,"新共产主义"的代表人物普遍赞同共产主义将替代资本主义,纷纷展望共产主义的前景。科斯塔斯·杜齐纳斯和斯拉沃热·齐泽克在《共产主义观念》的序言中指出:"共产主义通过回到'公有'的概念,面对资本主义私有化,意在建立一个新的联合体。"❶ 加西亚·利内拉认为,"要点是构建社会权利以便使其从占统治地位的私有权力中解放出来,将社会权力作为社会中唯一的权利形式。如果整个社会不能重建权力,解放就是一种取代性的骗局"❷。

共产主义将如何取代资本主义呢?推动这一社会发展的动力来自哪里?通向共产主义的途径又是什么?不同学者阐述了各自的主张。

5.1 大众渴望的动力

关于大众对共产主义的渴望以及出于渴望表现出的热情,"新共产主义"的理论家们进行了积极探讨。

---

❶ Costas Douzinas & Slavoj Žižek, *The Idea of Communism*, London and New York:Verso, 2010, p. ix.

❷ 转引自 Bruno Bosteels, *The Actuality of Communism*, London and New York:Verso, 2011, p. 267.

5.1.1　对渴望（desire）的探讨

5.1.1.1　左翼忧郁及其失败

乔蒂·狄恩指出，在一份被广泛引述的发表于 1999 年的文章中，英国左翼思想家温迪·布朗使用德国著名思想家沃尔特·本雅明的术语"左翼忧郁"来诊断当代左翼的忧郁症。❶ 布朗在这篇文章中分析了左翼陷入恐惧和焦虑的状态，不能坦然面对自己的失败，沉迷于回顾过往，一味地懊悔自责，而且似乎无法想象解放、平等的未来。对很多人来说，布朗的文章似乎及时捕捉到了北美、英国和欧洲特定序列的真相，并引起了共鸣。就维持左翼事业的欲望而言，布朗提供了一个反思失败和奋勇前行的机会。❷ 因此，她在论述左翼面对失败的消极心态时，建议左翼要面对新自由资本主义的缺陷和福利国家的弊端。

乔蒂·狄恩认为，从十多年的优势来看，布朗的文章很有说服力，但现在看来，她对失去什么和为什么失去的基本解释似乎是错误的。尽管如此，通过分析左翼欲望的总体结构而建立关键理论模式的轮廓，布朗开辟了重新认知共产主义的可能性，而乔蒂·狄恩试图拓展这种可能性。

具体来讲，"左翼忧郁"是 1931 年德国马克思主义文学评论家、哲学家沃尔特·本雅明回顾德国小说家、剧作家埃里希·凯斯特纳的诗歌时所用的标题。就本雅明而言，左翼作家凯斯特纳并没有呈现政治局势以外的社会功能，而只使其成为有趣的内容为公众所消费。本雅明认为凯斯特纳的抒情是保护中产阶层的地位和利益。它明显放弃反对大资产阶级，并且其由衷的叹息表露了渴望资助的迹象：要是有很多智者该有多好。凯斯特纳的忧郁是一种姿态、一

---

❶ Wendy Brown，"Resisting Left Melancholy"，*Boundary* 2，Vol. 26，No. 3，1999，pp. 19 – 27.

❷ Wendy Brown，"Resisting Left Melancholy"，*Boundary* 2，Vol. 26，No. 3，1999，p. 22.

种时尚潮流、一种商品。他放弃了追求理想,想通过减少消费产品来破坏革命理想。

也许是因为布朗对当代左翼关注不足,相比本雅明关于资产阶级将革命主题转变为消费内容时,知识分子要为资产阶级提供什么样的服务的讨论,她不认为左翼的忧郁是一种妥协。相反,她在解读本雅明对凯斯特纳的批判时,暗示情绪本身成了左翼忧郁的东西,左翼忧郁是资产阶级趣味与政治媚俗的混合物。布朗把这种对资本主义的妥协与当代左翼联系起来:"我们爱我们的左翼激情和理性、我们的左翼分析和信念,胜过爱我们现存的世界,即我们可能寻求改变这些的条件或者未来将会与它们保持一致的世界。"❶

接下来,我们重点来比较布朗的延续与本雅明的不同。本雅明并不批评依附于激情、理性、分析和信念的左翼,相反,他反对凯斯特纳和新的客观性妥协的倾向以及由此产生的政治斗争的蜕变,即把强制性的斗争变为快感的对象,把一种生产工具变为一篇用于消费的文章。他嘲讽凯斯特纳和其他左翼激进人员是妥协的知识分子,他们将革命变成了消遣的对象,可以提供娱乐,进行消费并容易在知识分子的百货商店中买到。与布朗不同,本雅明将左翼忧郁升华为革命和无产阶级的左翼承诺,他相信不需要坚持对生产进行改造和重组的无产阶级革命斗争,现有的资产阶级世界也会让路。

布朗说:"如果当代左翼总是坚持共产主义的社会理想,认为共产主义不仅是一种现实的运动,而且是一种未来的社会制度和社会形态,这意味着它在字面上呈现了历史本身的保守力量——这种保守力量不仅误读了现在而且将传统主义作为实践的核心,一个需要承担风险和动荡的地方。"❷ 不可否认的不平等、阶级斗争和持续的资本主义危机之间的相关性,现在的确是必要的,统一运动和基于阶级的分析在布朗写作的 20 世纪 90 年代末期一定程度上或许是可以否认的。这种清晰的现状有利于阐明本雅明所持的不同于布朗的见解,也

---

❶ Wendy Brown, "Resisting Left Melancholy", *Boundary* 2, Vol. 26, No. 3, 1999, p. 21.

❷ Wendy Brown, "Resisting Left Melancholy", *Boundary* 2, Vol. 26, No. 3, 1999, p. 25.

就是说，他所关注的不是传统主义的实践核心，而是以市场为导向的写作和出版对左翼理念的升华。

布朗使用弗洛伊德关于忧郁症的解释，通过阻止左翼修正其过时的思维习惯来理解恐惧和忧虑。她强调了忧郁症患者对失去的对象依恋的持久性，这种持久性表现在容易钻牛角尖，沉迷于不理智的情绪之中，深陷其中无法自拔，而不是暂时的反应。她还强调，忧郁症患者的损失具有无意识的、秘密的、不可名状的性质。她还指出，在现实中遇到的挫折转变为左翼主体的忧郁，尽管如此，还是应该保留实现理想的勇气，就像应该走出因依恋某个失去的对象而经历的痛若。谈到许多左翼的损失，包括当地的和国际社会的，在能维持政治工作的道德和政治视野中，布朗提问，历史时刻的损失是否有可能仍然是无意识的、秘密的损失，即"保证左翼分析和左翼承诺为其追随者提供一个清晰和特定的路径，使其朝着好的、正确的、真实的方向"？[1] 这一论述暗示承诺形成了左翼自爱和同情的基础。只要左翼仍保持基本的性质不变，就会走向自我毁灭。布朗讨论的一个好处是在左翼欲望中阐明了某些幻想：左翼忧郁从分裂、争论中吸取历史经验，违背了马克思主义的传统理论和社会主义国家的实践。

与布朗相比，本雅明对左翼忧郁的解释表明了左翼忧郁的另外一种缺失，即对无产阶级的革命理想的背叛。他批评凯斯特纳和其他新客观主义者不仅坚持描绘日常生活暴行的形式，而且使这种形式商业化，精神产品被包装成商业内容进行营销，作为大众化的内容为公众所消费，包括出售给资产阶级。本雅明认为，在《作者作为生产者》一文中，革命的政治倾向与新的客观性可能相互联系，只要作者觉得他与无产阶级的团结只表现在他的态度，那就具有反革命分子的功能，而不是作为一个生产者。布朗解释什么是真正的社会主义理想损失的左翼补偿，就是通过固执和自恋的依恋，本雅明提出了一种妥协和背叛，这种妥协和背叛否认无产阶级意识形态认同，并试图取代它。布朗表明随

---

[1] Wendy Brown, "Resisting Left Melancholy", *Boundary* 2, Vol. 26, No. 3, 1999, pp. 20 – 22.

着历史的变化，左翼会被击败并遗弃。本雅明迫使我们考虑屈服的、售罄的左翼。

齐泽克进一步指出，从欲望转向驱动力是对象状态的改变。换句话说，驱动力不是为了追寻失去的对象，不会围绕一度被理想所占领的空间循环，即一个不可能的对象。相反，驱动力转向自身时，它是欲望的升华，因此这种转变会产生循环的驱动力并为其提供特殊的指令。

这种左翼已经取代了劳动人民与资本主义斗争来求解放求平等的承诺，这些承诺绝不是完全正统的承诺，但总是破裂的、矛盾的、有争议的。回到本雅明的论述，已经承认资本主义不可避免，并明显地放弃了用罢工的力量反抗大资产阶级。对于这样的左翼，他们的享受来自逃避责任，它将责任和目标升华到有微观政治、利己和问题意识的有分歧的、支离破碎的实践中。这种左翼一直被困在重复之中，不能摆脱驱动力的巡回。

如果这种左翼能被正确描述为忧郁，乔蒂·狄恩同意布朗所说的，即它的忧郁来自离不开历史的、真正的、现有的妥协和背叛。它适应现实，无论是民族战争、资本主义包围，还是所谓的市场需求。与斯洛文尼亚哲学家、文化理论家姆拉登·多拉尔一起，齐泽克也强调驱动的破坏维度，其重复的方式导致旧世界的清除，以便于创造一个新世界。❶

5.1.1.2　共产主义的复兴标志着左翼忧郁的终结

最近，共产主义的复兴见证了左翼欲望结构的忧郁症的结束。在 2009 年伦敦会议上，对共产主义观念涌现了大量的热情。科斯塔斯·杜齐纳斯和斯拉沃热·齐泽克注意到，会议是"愉快的和非宗教的"——一个明确的指示，内疚的时期结束了。❷ 同样，致力于共产主义的转变，布鲁诺·波斯蒂尔关于政党的观点来自加西亚·利内拉。与忧郁症的自我专注相比，从一定角度来

---

❶ Mladen Dolar, "Freud and the Political", *Theory and Event*, Vol. 12, No. 3, 2009.
❷ Costas Douzinas & Slavoj Žižek, *The Idea of Communism*, London and New York: Verso, 2010, p. ix.

看，共产主义视域"影响一个完整的转变，或一个激进的意识形态的转变。由于资本主义不再作为城市唯一的运动出现，当我们着眼于社会关系的不同组织去制定期待和愿望时，我们将不再感到羞耻"❶。

就愿望而言，理解共产主义的复兴是可能的吗？如果可能，又是从何种意义上来说呢？乔蒂·狄恩认为它是可能的。这种共产主义欲望是什么样子的？狄恩有两个命题：第一，共产主义欲望是对政治及部门内的人来说，主体化的差距是必要的；第二，这种主体化是集体——我们的愿望和我们共同的愿望。

当代共产主义的反思至少提供了两个走向共产主义欲望的概念的路径：群众的愿望和哲学家的欲望。奈格里强调，群众是欲望的总和及抵抗和奋斗力量的轨迹。❷ 而哲学家的欲望（亚历山大·鲁索提供的一个观点）紧随巴迪欧强调共产主义的永恒。❸ 巴迪欧在《晦涩的灾难》中进一步用他的"共产主义不变量"表达了一种永恒的共产主义的哲学思想，即平等主义的激情、公正的思想、结束服务商品的妥协、根除利己主义、不能容忍压迫及渴望这种状态的停止。布鲁诺·波斯蒂尔强调，这些不变量是"广义上的群众工作"和"所有伟大起义的直接受欢迎的内容"。❹ 奈格里写道："共产主义是可能的，因为它已经存在于这个转变过程中，共产主义不是作为终点，而是作为转变的一个条件；共产主义是社会基本矛盾发展的结果，是新社会结构的有益尝试，在持续的权力关系更替中，共产主义还是一种张力、趋势和质变。"❺

每一种观点都以自己的方式阐述了潜在的共产主义的必然性或不可避免性。奈格里和巴迪欧是可靠的。奈格里的可靠承诺是共产主义已经到达；它只需要释放资本主义的约束，而不是通过分裂和对立使政治经济体系瓦解。

❶ Bruno Bosteels, *The Actuality of Communism*, London and New York: Verso, 2011, p. 228.

❷ Antonio Negri, "Communism: Some Thoughts on the Concept and Practice", in *The Idea of Communism*, Douzinas and Žižek, p. 163.

❸ Alessandro Russo, "Did the Cultural Revolution End Communism", in *The Idea of Communism*, Douzinas and Žižek, p. 190.

❹ Bosteels, *Badiou and Politics*, Durham: Duke University Press, 2011, pp. 277 – 278.

❺ Antonio Negri, "Communism: Some Thoughts on the Concept and Practice", in *The Idea of Communism*, Douzinas and Žižek, p. 163.

5.1.1.3 用共产主义愿望替代左翼忧郁

左翼是什么？是一个新的转变的欲望，即认为认识达到或实现其对象并持有它是不可能的。齐泽克把这个新渴望与拉康"分析师的欲望"概念联系起来。❶ 这种欲望是集体维持一个社会的力量，即使过去曾经需要某种幻想的支持。在一个新权威没有建立或确定的情况下，集体存在先天性不足，提供了能够突破自成一体的驱动力的共同愿望。愿望取决于差距、问题、缺失以及不可复归的不满足。

奈格里直接且明确强调集体的愿望。巴迪欧曾指出，这是"我们共产党人"名义上已准确加到"我们革命"当中，反过来把政治和主观力量的"我们"视为一种终极参考。"我们"这个阶级，"我们"无产者，从来没有如此清晰。在存在什么和能成为什么之间，在工人阶级和资产阶级之间，在对1917年10月革命的信念和政治主体化之间的差距，构成共产主义主体化的要素。共产主义主体不是一个整体或个体的组合，而是反对个人主义及其附属物的一种力量。尽管如此，巴迪欧还是强调了个人的主体化，个人被定义为一个纯粹的人类动物，而个人的主体化所讨论的是任何个人的可能性与主体决定成为政治真理过程的一部分。

就共产主义愿望来说，它是且必须是集体的，是那些经历了无产阶级化或贫穷的人以及那些放弃虚构个性的人的共同行动和意志。如果共产主义意味着一切，它就意味着集体的行动、决心和意志。

资本主义条件下的个人崇拜主义，强调个人的行为决策，将减少共产主义作一个可能的选择。因而同意强调资本主义形式，把共产主义作为另一个内容，个人欲望的对象，而不是集体的愿望。欲望是个体的，不是共产主义，社会基本结构并没有发生改变。实际上，在更大的驱动力作用下，欲望已被升华。它永远提供不同的对象，享受具有不同存在价值的东西，不同的摆脱失败

---

❶　Slavoj Žižek, *The Ticklish Subject*, London：Verso, 1999, p.296.

的机会，从一件事到另一件事的重复和直接的运动。

卢卡奇深刻认识到，把个人主义作为集体意志形成的障碍对于把共产主义理论的欲望作为集体的愿望是至关重要的。他认为，在自由的领域中，对意识的渴望只能意味着有意识地采取措施才能真正实现它。在资本主义的干扰和强迫症的背景下，有些东西是令人感到不对劲的，有些是缺失的，有些是不公平的。随着时间的推移，这是一个过程，在集体斗争中贯彻实施。事实上，活跃的、集体的奋斗改变和重塑了个人欲望，而且对于卢卡奇来说，资产阶级和具体化成了共同的集体形式。

为了实现共产主义愿望，革命奋斗所起着至关重要的作用。也就是说，个人利益要服从集体利益，这一观点来自列宁的集体主义思想。列宁不断坚持努力、学习、发展和锻造。没有长时间的努力和来之不易的经验是不可能推翻旧社会的。下层阶级要用共产主义的方式，如果他们想要推翻资本主义社会并开始建立共产主义社会，就必须渴望作为共产主义者。没有集体的共产主义欲望，革命性的剧变就会向反革命的方向移动。

乔蒂·狄恩试图建立一种了解共产主义欲望的思想，而这种思想标志着特定的左翼忧郁的结束，并被另一种驱动方式所代替。准确地说，因为这样的斗争必然是集体的，它形成一种个性化之外的共同愿望，用集体的力量取代个人的弱点。❶

狄恩认为，左翼忧郁是以往左翼的主要症结所在，左翼忧郁是左翼失败的主要原因。共产主义的复兴标志着左翼忧郁的终结，而共产主义愿望是一种集体的共同愿望，是强有力的驱动方式，因此应该用共产主义愿望替代左翼忧郁。那么，进一步来讲，共产主义愿望的具体内容是什么呢？换句话说，共产主义者渴望什么呢？巴里巴尔对此进行了探讨。

---

❶ 参见 Jodi Dean, "Communist Desire", in *The Idea of Communism* 2, Slavoj Žižek, London and New York: Verso, 2013, pp. 77-102.

5.1.2　共产主义者渴望什么

巴里巴尔曾提问：共产主义者是谁？共产主义者期望什么？用更强烈的语句说，我们渴望什么？共产主义者，我们共产主义者，希望为了改变自己而改变世界。什么是共产主义者该思考的问题？或者更准确地说，在理解的预期的意义上，提前思考的是什么？答案是：共产主义是真正能替代资本主义的现实运动。我们努力奋斗，是为了争取什么？我们正在参与各种解放；但在做的过程中，我们与其说组织性不强，不如说斗争缺乏组织。

与希望、渴望有关，首先是观念和主观性之间的关系，因此共产主义者的论述具有理想主义的特征。共产主义者为观念而活着或回应观念的要求，使他们的生活适应观念提供的模式，但可以进一步思考：按照定义，共产主义者渴望的理想对象或目标是现有状态的一部分。至少在现有和将有或者会有之间有一个差异，距离会成为深渊，主体正是在这种差距中认识到自己的要求。主体或者抵制运动，或者对运动做贡献，只有在他们渴望的情况下才能对运动做贡献。无论在条件、物质或精神方面，他们可以促进甚至能产生这种主观取向。所以，理想主义是共产主义承诺的条件，或者是共产主义承诺的哲学名称。这将涉及共产主义在观念世界的地位。

巴里巴尔认为，这可能是哲学天真的形式，是对共产主义个人承诺的表达，栖息于自己渴望的热情，等等。共产主义者的愿望是改变世界。

什么是共产主义者（什么是我们共产主义者，通过我们的共同承诺构成"我们"，巴迪欧则正确地称为观念）首先思考的？在生成的历史中，我们只是反抗的部分或从事颠覆性活动的部分，我们正多样化地解读克服资本主义的运动。巴里巴尔指出，可以多样化地预期资本主义危机的形式及由危机开启的可能性，主要特点是在其结局中不可能精确地预知。❶

---

❶　参见 Etienne Balibar, "Communism as Commitment, Imagination, and Politics", in *The Idea of Communism* 2, Slavoj Žižek, London and New York：Verso, 2013, pp. 13 – 35.

巴里巴尔认为,共产主义者渴望改变世界,共产主义者的愿望是改变世界,而改变世界就是指用共产主义替代资本主义。在改变世界的过程中,主体的热情起着重要的作用。巴迪欧从哲学层面上对主体的热情进行了论述。

5.1.3 主体的热情

阿兰·巴迪欧与彼得·恩格尔曼曾经讨论过热情。巴迪欧认为,热情很重要,但热情不足以描述主体的特征。最重要的一点是要有共同的目标,我们在内心深处知道,如果别人理解这一点,他/她会明白和我们做着同样的事情。这是极其重要的。同样,这就是为什么总有一种分享的观念出现在政治示威游行中。政治游行把游行者从特定的条件剥离,它把参与者投入普遍开放的空间中,参与者知道,要捍卫的价值是会吸引普遍赞同的价值。

阿兰·巴迪欧认为,必须对热情和特殊性加以区分。另外,巴迪欧认为,借此我们能解释诸如这样的社群主义聚集的事实是事件的幻影,一个假的事件。它在本质上是虚假的。在某种程度上,巴迪欧在其《伦理》一书中拓展了这个观点。在这本著作中,巴迪欧定义了虚假的事件是什么,即把自己伪装成事件,用来激发人们的热情,但是通过特殊性的荣耀,而不是通过特殊性的例外这样做。各种法西斯主义这样做,明显是由于他们把特殊性的种类当成了基本的种类。❶

巴迪欧对主体的热情进行了讨论,并对热情和特殊性进行了区分,这一讨论是从哲学层面的主体角度进行的,而在国家层面,有人主张直接实现无国家的共产主义社会。

---

❶ 参见 Alain Badiou & Peter Engelmann, *Philosophy and the Idea of Communism：Alain Badiou in conversation with Peter Engelmann*, Cambridge：Polity Press, 2015.

5.1.4　直接实现无国家的共产主义社会的愿望

关于国家，在左翼内部涉及未解决的张力，正是这种张力形成了《共产主义观念》中辩论的关键——国家在向无国家社会的过渡中扮演什么角色。巴迪欧和齐泽克对列宁关于国家的观点的评论形成了鲜明对比，奈格里更是明确指出，共产主义者就意味着反对国家。

对齐泽克和巴迪欧来说，任务是让国家本身在非国家模式中起作用。这也许带给我们第二大争论，即可能形成今天我们所说的共产主义观念的概念：国家的本质。

巴迪欧认为，《国家与革命》是列宁最著名的一篇文章。他认为，共产主义观念可以规划政治现实，从国家力量的削减进入"另一个国家"的象征，"另一个国家"也是来自国家权力减少的意义上。因此，到目前为止，从权力的意义上讲，本质上是消失的国家。奈格里则明确提出作为共产主义者意味着反对国家。

在这些引用中，我们看到辩论的轮廓。这里没有人明确声称是为国家形式辩护，问题是我们是否希望看到国家改变，看到它在非国家模式中起作用，还是仅仅反对一切形式的国家。我们可以直接实现无国家的社会的共产主义理想，并废除构成现在资本主义基本内容的社会关系吗？或者需要一个过渡国家，一个国家的存在是为了废除自身？共产主义愿望现在是避免重新回归到资本主义的唯一方法。

综上所述，大众渴望的动力是实现共产主义的内在动力，主体的渴望和热情在实现共产主义的过程中起着重要的激励作用。然而，主体的渴望和热情往往是自发产生的，作为阶级意识的萌芽存在并生长。

5.2 阶级意识的动力

在实现共产主义的过程中，阶级成员自我意识的觉醒与阶级意识的形成起着至关重要的作用，这也是实现共产主义的前提与必要条件。

5.2.1 基于集体行动力量的群众自我解放

关于国家，加西亚·利内拉分享了已由马克思和恩格斯在巴黎公社之后充分表达的观点，即"现代国家，不管它的形式如何，本质上都是资本主义的机器，资本家的国家，理想的总资本家"❶。到现在为止，巴迪欧和奈格里也一直在坚持这一观点。波斯蒂尔注意到了以上观点，他指出："国家，换句话说，最终是建立在平民潜力的基础上，并且只不过是靠平民的潜力而生存，这种平民的潜力总是通过剥夺剥夺者以收回……现代权利和主权来证明它自己。"❷ 波斯蒂尔进一步指出，加西亚·利内拉提出替代者，即"没有资本主义"的国家的可能性，没有资本主义的国家机构的问题，并认为这种没有资本主义的国家形式的可能性依靠基于草根层次上的集体行动的力量。"这不是等待最强大的资本主义国家衰落的问题，而是在资本主义最薄弱的环节内爆发革命促使其衰落。"加西亚·利内拉认为："问题不是将社会革命限制在单一的国家，从长远来看，只会导致对它的偏袒和最终的失败，而是迅速地扩展到国家直到达到最强大；不是坐等而是在全球范围内利用现有的资源进行行动。"❸

---

❶ 《马克思恩格斯选集（第三卷）》，北京：人民出版社 2012 年版，第 666 页。

❷ Bruno Bosteels, *The Actuality of Communism*, London and New York：Verso, 2011, p. 245.

❸ 转引自 Bruno Bosteels, *The Actuality of Communism*, London and New York：Verso, 2011, pp. 255 – 256.

波斯蒂尔强调了加西亚·利内拉国家观的变化，从国家是寄生于人民群众并且应该被摧毁和焚毁的观点，到从大众有权采取行动的力量中产生新政权的观点。这里的基本点并不是说有一种答案或最终答案，而是指共产主义和国家的问题，是人民群众整体自我解放的问题。

总之，共产主义实现的可能性依靠基于草根层次上的集体行动的力量。要在资本主义链条上最薄弱的环节爆发革命，实现人民群众整体的自我解放，首先需要唤醒群众的阶级意识，培养群众集体行动的能力。而阶级意识不是自发形成的，阶级意识的形成是一个教育群众的过程。

5.2.2 阶级意识的形成是一个教育过程

雅克·朗西埃指出，如果有人要求我们用全新的含义解释共产主义这个词，我们可能不得不重提一些简单的问题并考虑一些简单的事实。我们本应该重新得到英勇而危险的任务，应该反思今天共产主义可能意味着什么？

阿兰·巴迪欧认为，共产主义假设是解放的学说。就雅克·朗西埃而言，共产主义一词本质上的意义是解放。共产主义是由实践构成的普遍性的形式。要界定共产主义观念，关键要知道解放是什么意思。解放是一种被引导的情况，因为跟随着引导者的步伐，让被引导者步步深入。这是一个教育的过程。被引导者从无知的情况开始，日益用知识取代无知，再逐渐被引导着远离不平等情况或者被引导着向平等的情况发展。这也是培养精英们的启蒙逻辑，这些逻辑必将引导无知而迷信的下层社会走上进步之路。

平等的格言，可以归结为两个原则：首先，平等并不是一个目标，而是一个起点。第二，智慧是每个人的选择。智慧不是少数特权阶层的专利，而是属于每个人。解放就意味着智慧的运用是平等而有潜力的。

有一个动态的内在的集体力量，这个力量能打破资本主义私有化的形式。这一动态力量粉碎了存在剥削和压迫的资本主义社会，作为阶级压迫工具的国家机器将会消亡。这样共产主义依然存在。在所有团体解体后，共产主义是可能社会的唯一形式。因此,共产主义假设是一种解放的假设,应该明确共产主义和解放假设之间的历史关系。共产主义假设是解放假设的基础,表明任何人力量的集体化,这也是实现平等预想的基础。

雅克·朗西埃认为,如果在共产主义名义下思考新东西,或者复兴被遗忘的东西,这是一个岌岌可危的问题。他指出,在争论的基础上,重新思考共产主义观念没有多大意义。他不同意用大量时间去进行争论,他同意阿兰·巴迪欧的观点,即对我们来说,共产主义历史和解放历史的重要性超出了共产主义的所有历史时刻,这一时刻是曾经消失的时刻或破坏国家权力和制定了政党影响的时刻。时刻不仅是一个消失点,而且也是一个动力:衡量天平的重量,制造一个新的平衡或不平衡,共同意味着有效的重构,重构世界的可能。共产主义是可信的。如果必须要用共产主义的名义重建一些东西,这是一种暂时的形式。

这发生在两个主要方面。一方面,共产主义作为资本主义本身的转换已经被强烈重申。今天,资本主义生产的主要商品(而不是可供私人专用的商品)是互联网。在这里,生产、销售和交换不再被分离,而是在集体中分配。所以,可以说资本主义生产的东西打破了资本主义形式,同时也极力证明了共同劳动的共产主义力量。问题在于:我们到达共产主义还有多远?我们坚持这个过程有没有合理性?

实际上,当前的危机是资本主义的失败。根据市场逻辑,资本主义统治了自律的自由市场,为组织各种形式的人类生活提供了可能性。今天,我们反思共产主义必须考虑到前所未闻的情况下失败的资本主义。

哲学家运用我们的革命任务来拯救资本主义。在这种背景下看似不错的选择(民主的困境或共产主义激增)不久将会出现问题:当描述臭名昭著的统治全球的民主的自我陶醉时,可能会得出结论,因此我们需要借助共产主义走出资本主义的泥潭。但是问题出来了:我们能想象构建共产主义的主观力量是什么吗?

朗西埃指出,我们在资本主义内发现了共产主义的本质,或者在深渊的边

缘留存最后一丝希望。振兴共产主义观念的计划是有意义的，唯一可能的共产主义形式的智慧是集体智慧。❶

朗西埃认为，阶级意识的形成是一个教育群众的过程。那么，具体到资本主义社会中的外国移民，他们受到资本主义的排斥和压迫，整体上处于资本主义社会的底层。阿兰·巴迪欧认为，外国移民的集体意识会在他们共同的处境和地位中逐步形成。

5.2.3 外国移民与共产主义

阿兰·巴迪欧指出，基于政治和移民问题之间的紧密联系，移民问题绝对是今天的中心话题，似乎每一个真实的政治都与移民问题密切相关。当我们友善地去与外国学生、工人、城郊的年轻人、穷人做政治工作时，发现事实是他们是外国人，或者他们的文化不同，但这不是障碍。相反，它是一次机会，就在此时此地创造国际主义的可能性。牢记马克思所说的：共产主义者的最基本特征，是做一个国际主义者。因为要在单一世界的任何一个地方实现真实的政治，绝对需要来自同一世界地方的移民。

巴迪欧指出，有人认为移民是一个问题。我们必须把它颠倒过来，移民是一次机会！大量的外国工人和他们的子女可以作证，在资本主义这些古老而疲倦的国家具有无限的多样性。有了来自世界各地的年轻人，将来的政治将会被创造。没有他们，将会陷入虚无主义的消费者至上主义，群众将允许自己被警察控制。

巴迪欧指出，外国人至少需要教给我们把外国人变成自己人，在我们自己以外规划，并且不再迷恋现在正走向终结的漫长的西方历史。其中，除了贫乏和战争，没什么可预期的。由于不能坐等虚无主义和国家安全主义的灾难，我

---

❶ 参见 Jacques Ranciere, "Communists Without Communism?", in *The Idea of Communism*, Costas Douzinas & Slavoj Žižek, London and New York：Verso, 2010, pp. 167 – 177.

们欢迎真实的共产主义，它是新奇的事物。因此，明天的共产主义具有外国人的特征。❶

巴迪欧认为，外国移民对于变革资本主义、实现共产主义具有重要作用。因此，唤醒外国移民的集体意识具有重要意义。

5.3　理论见之于实践的动力

马克思曾指出："意识的改革只在于使世界认清本身的意识，使它从对于自身的迷梦中惊醒过来，向它说明它自己的行动。"❷ 作为人类社会的理想，共产主义的实现问题是其应有之义。共产主义理论只有见之于实践，才有实现的可能。共产主义理论见之于实践，必定能实现。正如艾蒂安·巴里巴尔指出，共产主义观念，用将集体主体插入自身发展的观念反思资本危机，可以被描述为一种永久的实践，理解为政治设想进入到激进的实践。巴里巴尔认为，理论见之于实践是共产主义观念的主要特征。在这一点上，巴里巴尔赞同齐泽克在柏林会议论文集提出的观点："对基于史实的现实的洞察不是作为积极的秩序，而是作为一种并不完整的结构，趋向自己的未来。正是这种对未来的包含进入到现在，这种包含就如当前秩序内的断裂，产生了目前本体论并不完整的结构……"❸ 那么，"新共产主义"在多大程度上能够作为一个参考点为资本主义制度寻找新方向呢？"新共产主义"的代表人物一方面从理论上进行了探讨，另一方面提出了一些方案和措施。

---

❶　Clement Petitjean, "True Communism Is the Foreignness of Tomorrow: Alain Badiou talks in Athens", 3/26/2014, http://www.versobooks.com/blogs? month = 3&year = 2014.

❷　《马克思恩格斯全集（第 47 卷）》，北京：人民出版社 2004 年版，第 66 页。

❸　*Idea of Communism*, Ⅱ, p. 308. 转引自 Etienne Balibar, "Communism as Commitment, Imagination, and Politics", in *The Idea of Communism* 2, Slavoj Žižek, London and New York: Verso, 2013, p. 23.

5.3.1 理论如何见之于实践

阿尔伯特·托斯卡诺指出，尽管马克思信仰理论解放并坚信理论不是纯粹的观念集合，而是一个活跃的原则，但哲学的实践转换对革命现实而言似乎仍被被动因素或物质基础的缺乏所挫败。一场激进的革命只能源自激进的革命需要，但前提条件和环境似乎又缺乏这样的需求。换句话说，从哲学的内在批判显露出来的理论需要不能转化为实际需要。因此，有必要讨论理论如何见之于实践的问题。

从资本主义社会中推测出共产主义社会，共产主义对资本主义不仅仅是否定，而且是绝对否定。正如马克思曾指出的，消灭剥削和资本主义剩余价值也不能结束不公平。就共产主义坚决否定资本主义但又不是简单地否定而言，共产主义不是空想的教条主义，它的实现问题是其固有的概念。

从哲学的角度来看，共产主义平等意味着创建社会关系。在社会关系中，不平等将会提出，不再把不平等归入同等标准或权利范围内。当然，权利和价值之外的平等理念能证明两个结论：一是共产主义的哲学贡献涉及如何与某种空想斗争；二是如何实现共产主义本质这一问题。从这个意义上说，人类历史是建设和实践的问题。

共产主义是为了无产阶级解放条件的学说。哲学家们争论什么是共产主义，这很重要。这是一个巨大的争论，并且很难准确的评价。尽管如此，对于共产主义和权利问题，我们需要克服明显的矛盾。

如果共产主义哲学专注于政治的准备和期待，它具有哪些先行理论呢？这些知识寻求提出当代领域实现共产主义的问题吗？这是我们今天的任务，把共产主义问题变成一个真正的问题。那么我们可能会得到我们需要的答案。❶

---

❶ 参见 Alberto Toscano, "The Politics of Abstraction: Communism and Philosophy", in *The Idea of Communism*, Costas Douzinas & Slavoj Žižek, London and New York: Verso, 2010, pp. 195–204.

反对者为了彻底阻止左翼理论与政治实践相结合，总是把共产主义假设歪曲为不可能实现的妄想，是与真实世界无关的乌托邦。但是在现实中，在穷人和群众工作中仍然有越来越多的人参与组织新形式的政治运动，试图寻找每一种可能的方式来支持复兴的共产主义观念。而要实现共产主义理论与政治实践的结合，首先必须保证共产主义在现存事物中起作用。

5.3.2 共产主义与现存事物

波斯蒂尔指出，托尼·奈格里已经发展了可能称作左翼共产主义纯粹本质的最清晰的观点。奈格里在《像我们一样的共产主义者》一书的附录中提出："致力于合作生产的秘密秩序形式，共产主义在今天的资本主义或社会主义社会内部已经萌芽了。"他指出，"共产主义直接孕育于阶级斗争，来自拒绝工厂和工厂组织，不管是在资本主义形式还是社会主义形式中"❶。哈特和奈格里合著的著作充分地肯定了群众的这种抵抗潜力，在资本主义的政治秩序之内，对资本主义的辩证否定，不是外力作用的结果，而是事物内部矛盾运动的结果。换句话说，权力和抵抗之间的关系必须依据内在的可逆性来建构：权力不是某种自上而下镇压群众或平民的可怕的怪物，也不是必须依靠自下而上的群众抵抗。他们指出，"庶民的反对意志和为了自由的愿望，一定足够推动帝国出现另一面"❷。因此，除了绝对内在性规则之外，承认这种帝国新秩序内庶民的潜在性也要求我们接受群众抵抗是最重要的原则。

例如，一种以哈特和奈格里的唯物主义为特征的政治，"维持了帝国庶民的创造力也能够自主地构建一个对立的帝国，一个全球流动与交流的替代政治

---

❶ Félix Guattari and Antonio Negri, *Postscript*, trans. J. Becker and M. Ryan, in *Communist Like Us*, New York: Autonomedia, 1990, p. 166, p. 168.

❷ Michael Hardt and Antonio Negri, *Empire*, Cambridge, Mass.: Harvard University Press, 2000, p. 218.

组织"❶。基于权力与抵抗间内在可逆性的原则，我们几乎得出结论，那就是越是资本主义存在的地方，共产主义产生的机会越多："或许资本越是延伸其生产和控制的网络，任何强大而特殊的反叛点就越有可能。"❷ 毕竟，民众依然处在一个相似的体系之内，即对比纯粹的叛乱潜在性与同样是纯粹超凡力量和确定秩序的内在性，只是现在两种极端被揉成一种彻底的唯物和非辩证的体系。

另外，波斯蒂尔指出，发现一种基于权力和抵抗、资本主义与共产主义甚至是帝国与庶民间内在可逆性的左翼共产主义，可以作为同一枚可翻转的硬币两面。

到目前为止，我们也可以说，哲学家仅仅是从多方面努力将共产主义构建为一个乌托邦理想或未来的视域；然而，关键是要表达它作为存在，在现存事物状况中起作用。❸ 共产主义在现存事物中起作用的过程，实际上也就是理论见之于实践的过程。那么，在和平与发展成为当代世界主旋律的今天，如何看待暴力和军队在替代资本主义运动中的作用呢？阿兰·巴迪欧主张防御性暴力与非－军队纪律。

5.3.3　防御性暴力与非－军队纪律

阿兰·巴迪欧认为，很长时期以来，在某种意义上，政治试验必须是去中心化的、没有纪律性和非暴力的，或者在任何情况下尽可能少的暴力。但是考虑到在某一时刻，暴力可能是创造力，是历史的助产士，今天暴力需要被控制，需要有最少的暴力可能，或者如果可能的话根本没有暴力。至于纪律，如

---

❶ Michael Hardt and Antonio Negri, *Empire*, Cambridge, Mass.：Harvard University Press, 2000, p. xv.

❷ Michael Hardt and Antonio Negri, *Empire*, Cambridge, Mass.：Harvard University Press, 2000, p. 58.

❸ 参见 Bruno Bosteels, "The Leftist Hypothesis：Communism in the Age of Terror", in *The Idea of Communism*, Costas Douzinas & Slavoj Žižek, London and New York：Verso, 2010.

果某人正在参加游行，那么他必须遵守纪律，但这种纪律只是主体的纪律，不是被迫的纪律，不是等级的纪律，不是强制服从的军队纪律，巴迪欧把这种纪律称为非－军队纪律。巴迪欧经常说，今天政治的大问题是发明一个非－军队的纪律，因为纪律是必要的。毕竟，人们除了拥有纪律，一无所有。其他人有钱；他们有武器；他们有国家机器。如果民众继续在工厂里罢工，必须有统一的纪律对大家起约束作用，因为只有每个人自觉遵守纪律，罢工才会取得成效。众所周知，如果不再是这种情况，那么罢工不会起作用。因此，纪律是必需的。

阿兰·巴迪欧认为，如果继续罢工的观念是对的，应该能和他们一对一地讨论，到他们家里，向他们解释为什么罢工更好。一切与强制、限制和暴力相联系的东西，需要用别的东西一点一点地耐心地代替。毕竟，如果它是对的，并且如果它是真的，我们应该能让其他人相信。我们必须从这一主要哲学观念开始。

但是，假使对方用防暴警察来回应，情况又将会怎样？这是现实问题。阿兰·巴迪欧解释说，可以制定一个规则，即一定类型的防御性暴力是不可避免的。但它必须是防御性的，意思是必须能证明正在保卫已经建立的、选定的、完成的东西。当然，巴迪欧也认为，罢工者组织一个警戒线是对的。问题不是有一个警戒线，问题是警戒线如何起作用。

巴迪欧主张在新社会运动和共产主义运动中采用防御性暴力和非－军队纪律，赞同最少的暴力，他从实现共产主义的手段和组织方式的视角进行了分析。与巴迪欧不同，苏珊·巴克－莫斯则对阶级和阶级斗争进行了阐释。

5.3.4　阶级与阶级斗争

美国学者苏珊·巴克－莫斯在《共产主义道德》中指出，像奈格里那样论证一种基于对资本主义阶级斗争的科学理解的 "历史本体论"，是一种不靠谱的选择。奈格里想在他的折中理论中加入历史偶然性的因素，依赖于一种本体论上的修补来避免偶然性所暗含的相对主义的危险。奈格里并没有放弃把阶级斗争作为"第一哲学",即哲学上的首要原理的地位,他的整个理论体系都是以此为基础的。虽然奈格里的努力值得尊敬,但是如果任何关于历史的本体论都不可能存在,那是因为历史是属于人类自由的领域,所以属于不可预测的领域,不仅在理论上,而且在实践上都不可预测。在这一点上,与其试图发展一种关于自由的本体论,我们更需要认识到自由在现实世界中所表现出来的那种出人意料的、稍纵即逝的形象。

在这种理论思考方式中,事物获得意义是因为它们和事物之间存在着实践的、实用的关系,而且这些关系总是开放的和不确定的,它们的未来不可能被事先预测到。

在这里,苏珊·巴克-莫斯完全同意巴迪欧的观点,认为在政治上最重要的是"事件"(event),同时强调了事件的绝对不可预测性能够成为全新事物的来源。

事件并不是通过敬畏来征服我们并把我们击倒的奇迹。它能够提升我们,因为它是由普通人完成的。他们打断了经济的正常运行,从而能够进行集体行动,这不仅赋予了在场的人以力量,同时也让那些观望的人感到一种团结的冲动,以及一种人类联合的感觉。我们见证了人类确实能够联起手来克服障碍并开启改变,这种共同行动的能力正是共产主义道德现实可能性之所在。

掌上互联网设备带来的技术革命,引爆了目击者对事件进行报道的可能性。在直播的时间里,这种报道本身就成了抵抗的武器。毫无疑问,新技术的使用方式取决于那些使用技术的人。但值得注意的是,这种信息分享已经是非常可靠的了。人类行动者已经为他人承担了责任,而且他们所采用的方式会对自己的个人安全带来风险。他们释放了久已被压抑的对于非商业化、非自恋性的信息交流的渴望,相信国际观众有着共同体会并会和他们站在一起,而事实也正是这样。

在第一个层面上,"正在发生什么"是一个经验性的问题。从共产主义道德的角度来看,回答这个问题首先需要在任何有知识要分享的人与任何愿意去了解的人之间有一种完全自由的交流。在这里，独立媒体的报道、可靠的消息收集以及信息不受过滤、不受屏蔽地传播是最重要的政治目标。观察点越是分散，事件的全貌才越是清晰。

手机视频使得公民抗议和政府暴力能被看到。但公司剥夺了公民权利，它设计的手机和电脑是把租金转换为利润的平台，而且这些产品减少了键盘的适用性，却强化了互联网作为消费场所的功能，其中用户的行为被监视并且被当作信息出售。

新社会运动是全球团结的一次闪现，其中民族和文化身份被暂时搁置一旁，而联合作为一种结果，不管你是谁，只注重你做了什么。苏珊·巴克-莫斯将此称为一种共产主义实践。抗议行为及其在虚拟世界的传播这一整个进程，以一种非排他性的、横向的组织形式极好地展现出一种不同性质的共产主义道德，突然变成指向全球团结所拥有的可能的力量。这就是在新社会运动中初现端倪的新事物，与其说是一次断裂，不如说是对于事物现存状态的替代选择的一个开场。

我们正在见证一场全球性的社会运动，这场运动既确认了多样性，又确认了普遍性。显然，这是一场激进的运动，它拒绝接受既定的游戏规则。这是一次向左翼的转变吗？或许这个术语已经不能再被使用了，这一事实本身就是一件新鲜事。在网络地理学环境中，向左翼的转变是基于和过去不同的立场，它们在取向上是局部的，而且都是多元的。这一点以及其他的一些方面，把全球的共产主义行动和右翼民粹主义区分开来。后者把愤怒指向全球的混乱，以此支持一些僵化的意识形态，比如新国家主义、自由市场的私有化以及反移民思潮，从而把底层草根的群众运动笼络到了符合现存政党利益的方向。与之相反，前者是一群跨区域的力量，它们拒绝受到国家或党派的限制。如果左翼和右翼这些词要有实际的政治意义，那么就必须要有分界线，但是这些新的政治活动家们并不愿意被分而治之的辞藻所引诱。

在这些运动之后，全球资本主义系统仍在继续。在一个像我们今天这样的时代，当我们思考政治上的新开始的时候，难以回避的是激进政治的过去，它受惠于马克思对资本的分析，这一分析聚焦于经济不平等，勾画了关于全球性的剥削劳动的理论、关于阶级斗争的辩证的历史以及对于通过政治革命来使人类社会向前发展的必要性的理论依据。

苏珊·巴克－莫斯认为，从来没有像现在这样，马克思主义对于资本及其全球发展的批判看起来是如此的精确。与此同时，诸如女性主义、后殖民主义、批判种族以及一些理论把压迫和剥削的含义远远地扩展到了工厂之外。

那么，革命无产者的概念是什么呢？作为政治先锋队的工人阶级仍然是一种有效的组织形式吗？太多正式的工会作为群体行为很少超出狭隘的经济关切，但很明显，劳工抗议继续以全新的方式发挥着影响。在埃及，非正式的工会在帮助解放广场上的政治活动家依靠自己的力量去封锁苏伊士运河中扮演了重要角色。在美国的威斯康星州麦迪逊市，集体谈判的权利受到了攻击，对于那些曾来到纽约支持"占领华尔街"运动的工人协会以及其他的劳工群体来说，劳工组织依旧是一个至关重要的斗争场所。今天，全世界的失业青年已经远远不是那种在经济上必要的劳动力后备军了，而是在经济上变得非必要了。这是由永远受到排斥和可能被抛弃的人们所组成的多余人口。这是这个问题的一个非常可怕的（但同时辩证地来看，也是强有力的❶）答案。

正如地球上的超大城市显示的那样，大量的无产阶级化过程确实已经发生了。但是，工厂已经离开了城市，转而搬到了一块块飞地。令人吃惊的是，这些工厂所雇用的移民劳动力尽管处在不安全的地位，并且还有着民族和语言上的差异，但已经表现出相当有能力开展集体行动。❷ 而且，他们的国际主义意识远远超出了那些在一个国家里组织起来的政党所达到的程度。

革命的阶级在哪里？苏珊·巴克－莫斯认为，这可能是一个错误的提问方

---

❶ 齐泽克指出的这一点是绝对正确的，"当这种逻辑达到极端，它把自己带向一种自我否定不就是理所当然的吗？一个让多达80%的人民都变得无关紧要的制度，自己不就是无关紧要的废纸一张吗？"参见 Žižek, *First as Tragedy*, *Then as Farce*, London and New York：Verso, 2009, p. 103.

❷ 参见 Paul Apostolidis, *Breaks in the Chain*：*What Immigrant Workers Can Teach America about Democracy*, Minneapolis：The University of Minnesota Press, 2010.

式。或许不管是革命还是阶级的概念在我们这个时代都不再有必然的吸引力了。但我们真的不再需要阶级了吗？事实就是：在今天全球资本主义的世界，实际上在地缘政治上的所有地方，富人都在变得越来越富有，而穷人则变得越来越贫穷，而那些当权的人，对此根本没有异议，反而告诉我们这个制度需要更多的特殊保护，要比他们自己给予公民的保护多得多。自由市场（不受控制的资本主义积累）和自由社会（西方风格的民主政体）已经联起手来，而其最终产物就是全球寡头体制。这个所谓的国家共同体保护了一个全球性的圈地系统，这个系统的作用就是侵吞每一个可以被转化为赢利行为的使用价值。任何事物都不能从这个私有化的进程中幸免，包括学校、监狱、人类基因、野生动物、国家军队和外国政府。所以，确实存在着阶级冲突，而且是自上而下地发起的。但是存在阶级斗争吗？只有当世界上的其余的人、属于我们的99%的人们回应时，才会有阶级斗争。

苏珊·巴克－莫斯认为，并不需要赶时间，当社会运动继续进行的时候，就是在实现一种让这个世界变成另一种样子的可能性，这本身就是一种新的开始。当前，世界秩序的意识形态霸权把它自己假装成是自然的、必然的。与之针锋相对的是，全球的行动者正在知识领域撕开一道口子。新的形式涌现出来，它们滋养了我们的想象力，这正是我们作为人类所拥有的最激进的力量。❶

综上所述，苏珊·巴克－莫斯对阶级和阶级斗争进行了阐释，认为阶级斗争正在新的时代以新的方式进行，新社会运动就是其典型的表现。而伊曼纽尔·泰雷则对国家消亡与共产主义的关系进行了探讨。

5.3.5 共产主义与国家消亡

马克思对共产主义社会进行过科学阐述："当阶级差别在发展进程中已经

---

❶ 参见 Susan Buck－Morss，"A Communist Ethics"，in *The Idea of Communism* 2，Slavoj Žižek，London and New York：Verso，2013.

消失而全部生产集中在联合起来的个人的手里的时候，公共权力就失去政治性质。"❶ "如果说无产阶级在反对资产阶级的斗争中一定要联合为阶级，通过革命使自己成为统治阶级，并以统治阶级的资格用暴力消灭旧的生产关系，那么它在消灭这种生产关系的同时，也就消灭了阶级对立的存在条件，消灭了阶级本身的存在条件，从而消灭了它自己这个阶级的统治。"❷ "代替那存在着阶级和阶级对立的资产阶级旧社会的，将是这样一个联合体，在那里，每个人的自由发展是一切人的自由发展的条件。"❸ 这是为每个人的自由发展提供充分的公共条件的社会。

在写于 2007 年的第二个文本《从列宁到普鲁东》中，伊曼纽尔·泰雷从完全不同的角度回到同样的问题：为了把国家政权作为杠杆来实施社会改革和保卫解放事业的胜利，共产主义党派的战略在于试图夺取国家政权。这个战略依赖于决定性的假设，假设国家是适合这个事业的工具，正是精确地基于这一点我们才能够提出疑问。毫无疑问，国家是实现某种社会变革的有效工具，特别是在原始积累时期为资本主义社会的出现奠定基础时所发挥的作用。但是，当这种转变是集体解放以及遍及社会生活各个领域的自由和平等的普遍化时，国家依然是最合适的工具吗？这是有疑问的。从定义来看，国家是从生活中分离、外在于并高于社会的，它的存在依赖于那些支配者和被支配者、统治者和被统治者之间的对抗。由于共产主义必须通过废除这种敌对才能产生，所以说在共产主义目标和运用的手段这一问题上，国家及反映它的政党之间存在着明显的矛盾。

这就是列宁将国家的消亡作为权力征服以后必须马上开始的过程，以及作为新政府的紧迫任务之一的原因。然而在斯大林时代，国家消亡的任务不仅被推迟了，而且这种推迟被理论化，它被解释为无产阶级专政远未消亡，在走向共产主义之前必须有一个巩固的时期。事实上，从来没有建立一种国家自我消

❶ 《马克思恩格斯选集（第一卷）》，北京：人民出版社 2012 年版，第 422 页。
❷ 《马克思恩格斯选集（第一卷）》，北京：人民出版社 2012 年版，第 422 页。
❸ 《马克思恩格斯选集（第一卷）》，北京：人民出版社 2012 年版，第 422 页。

亡的制度。相反，体系倾向于维持自己的存在，并且为复制自己起作用，国家消亡的论点是难以实现的。

因此，对国家权力的征服一定意味着立即消除国家。任何权力的残存，即使是部分的残存，都会成为旧的压迫和不平等再次生根的杠杆。国家必须被立即消灭，把它的功能移交给联合生产者的共同体。

这一系列问题首先围绕财产概念展开。泰雷提出第一个问题：对私有制的废除是不是涉及所有的生产手段？是否包括在农业劳动中使用的土地和设备？以及工人和中小企业？也就是说，准备离开的私有财产的领域是什么，指资本商品、耐用消费品、房屋等？第二个问题：我们所谓的"集体占有"是什么意思？我们有必要陷入私有财产和国家控制的困境吗？难道我们不应该尝试形式的财产吗？如市政财产（在建的地块和城市服务）或手工业和合作社财产，离开国家的客观事物仅是那些主要的公共服务，如能源、交通等需要集中管理。

已有的经历带给我们教训：不管采取什么形式，我们想建立的社会可能不会是一个和谐、平静和融洽的社会。它可能会是一个充满矛盾的社会，并且我们不仅得接受，而且还得欢迎它。这种矛盾不仅仅是新秩序的反对党与那些想回到旧社会的人的矛盾。它会在新社会中建立：在秩序党和运动党之间；在提倡团结和审慎的人与那些支持试验、革新和冒险的人之间。

换句话说，我们对共产主义所能寄托的期望是一个能够自由自觉地掌握自己命运的社会。今天并非如此：资本主义就像一个报废的引擎，我们是盲目力量的无力的牺牲者，事实上没人能控制这种盲目的力量。这就是我们所要改变的。我们将重新掌握自己的命运：我们将继续在相互博弈中掌握这种命运，但有简单而重要的区别，即我们要与真正的风险而非不可控的幻影做斗争。❶

马克思主义认为，在共产主义社会，国家将会消亡，作为阶级压迫工具的

---

❶　参见 Emmanuel Terray, "Communism Today", in *The Idea of Communism* 2, Slavoj Žižek, London and New York：Verso, 2013, pp. 169 – 175.

军队、警察、监狱等将失去作用。恩格斯指出："随着阶级的消失，国家也不可避免地要消失。在生产者自由平等的联合体的基础上按新方式来组织生产的社会，将把全部国家机器放到它应该去的地方，即放到古物陈列馆去，同纺车和青铜斧陈列在一起。"❶ 随着国家的消亡，人类第一次作为统一的社会而存在和发展，各民族和国家的历史发展为统一的世界历史。当然，国家的消亡是指政治国家的消亡，是作为阶级压迫工具的国家机器的消亡，并不是社会组织管理机构的消亡。在共产主义社会，在没有阶级和国家的情况下，仍然需要一定的社会机构来对社会进行组织和管理。但这种社会组织管理机构只具有人们自我管理的性质，而不再具有政治压迫和暴力镇压的功能。

马克思在 1843 年 9 月致阿尔诺德·卢格的信中进一步指出："然而，新思潮的优点又恰恰在于我们不想教条地预期未来，而只是想通过批判旧世界发现新世界。"❷ 因此，新世界不是简单地、教条地按照某些设想的原则来构建的。马克思展示了新社会的条件是怎样已经在旧社会内部出现的，他的论述对于我们探讨共产主义理论具有重要的指导意义。

---

❶ 《马克思恩格斯文集（第 4 卷）》，北京：人民出版社 2009 年版，第 193 页。
❷ 《马克思恩格斯全集（第 47 卷）》，北京：人民出版社 2004 年版，第 64 页。

结　语

从整体来看，"新共产主义"的兴起和发展具有重要的意义，当然也有一定的局限性。

"新共产主义"的意义主要表现在以下几个方面。

第一，"新共产主义"具有标志性意义。当代政治理论最令人兴奋的开端是共产主义的开端。这一开端与正在蔓延的愤怒、占领和革命的紧迫性密切相关。"新共产主义"的兴起，并非一群有影响力的哲学家和政治理论家突发奇想，而是由于资本主义危机和反资本主义群众运动这一外因，激活并点燃了内在于左翼理论家的共产主义理论情结。其实，在"新共产主义"兴起之前，左翼理论家的代表人物就一直在关注共产主义，关于共产主义的讨论一直在进行。"新共产主义"可以追溯到1990年奈格里的相关论述。2008年巴迪欧出版的《萨克齐的意义》一书明确提出了"共产主义假设"概念。三十多年来，奈格里一直在从事这一研究，巴迪欧从事共产主义研究也有四十多年了，即使是对于齐泽克来说也不是一种新旨趣。他们认为，共产主义是当代解放、平等政治的代名词，并一直在积极反思共产主义的许多概念。"新共产主义"的兴起，正是因为共产主义是并且曾经是资本主义的替代者。❶

对共产主义观念的集中讨论发生在2009年的伦敦会议。伦敦会议首次以

---

❶　参见 Jodi Dean，"The Current Situation and Our Tasks: Bosteels' The Actuality of Communism"，*Theory & Event*，Vol. 14，No. 4，2011.

共产主义的名义邀请到一些最令人关注的左翼哲学家，大会要解决的关键问题在于是否仍要用共产主义这一名称来指称彻底解放的事业。与会者虽然来自不同的领域并持有不同观点，但一致认为应保持对共产主义名称的忠诚。会议提出了特定的共同主题：今天，共产主义必须被思考；共产主义，通过回到"公有"的概念，面对资本主义私有化，意在建立一个新的联合体；共产主义目标在于带来自由与平等。❶ 这次会议为重新激活激进哲学与政治之间的紧密联系开辟了道路，它甚至是一个更大的政治事件，具有重要的政治价值。左翼理论总是与政治实践相联系，寓思于行是左翼的关键武器。在这个关键的转折点，所有关于危机结果的断言消失了，共产主义观念有可能复兴理论思考并扭转晚期资本主义的去政治化倾向。

"新共产主义"的代表人物认为，是时候在晚期资本主义的背景下重新思考共产主义的回归问题了。"新共产主义"的回归，具有标志性的意义。"新共产主义"作为一种抵抗的政治学，是当代西方政治学令人兴奋的开端，也是激进政治的标志性符号。今天，坚持永恒、不变及共产主义终极本质的复兴无疑仍具有一种策略的甚至战略的效果。共产主义已经成为令人印象深刻的一系列为公正、平等、团结和取消剥夺而斗争的代名词。

第二，"新共产主义"的理论建树具有重要意义。

以往的左翼既没有对资本主义现状进行深入而激进的批判，也没有对资本主义的现存秩序提出令人信服的替代物。与此相反，对当代资本主义的批判是"新共产主义"的核心思想。"新共产主义"对当代资本主义进行了批判性反思，他们以当代资本主义社会矛盾为依据，阐述了共产主义的潜在轮廓。"新共产主义"还对当代资本主义的性质和特点进行了阐述，提出了当代资本主义是"债务资本主义""租金资本主义""交往资本主义"等观点。这些论述对人们认识当代资本主义的本质和特征具有重要意义。

---

❶ 参见 Costas Douzinas & Slavoj Žižek, *The Idea of Communism*, London and New York：Verso, 2010, pp. viii – x.

共产主义的实践主体，是依靠什么人来实现共产主义的问题。巴迪欧强调，要在将个体纳入主体的动态过程中理解共产主义的主体。弗兰克·鲁达认为，主体必须有集体事业的观念，即必须有共产主义观念。洛瓦特则认为，主体必须有革命性，即作为革命主体进行共产主义实践。"新共产主义"的代表人物还提出了"我们是99%""工薪资产阶级""尿溺""非全"以及"平民"等概念，并将其作为新社会运动的主体力量。与此同时，伴随着新社会运动的兴起，群众的组织问题也被提上了议事日程，政党问题不可避免地再次被提起。左翼理论家们认为，政党是忠于事件的灵活组织，是激进共产主义的主体性组织，也是团结激进的国际组织。

关于人类社会的未来，"新共产主义"者纷纷将目光投向共产主义，并将其作为资本主义的替代者。"共产主义"如何取代资本主义呢？他们提供了三个答案：一是大众渴望的动力。这是实现共产主义的内在动力，主体的渴望和热情在实现共产主义的过程中起着重要的激励作用。然而，主体的渴望和热情往往是自发产生的，仅仅作为阶级意识的萌芽存在并生长。二是阶级意识的动力。实现共产主义，阶级意识的形成起着至关重要的作用。要实现人民群众整体的自我解放，首先需要唤醒群众的阶级意识，培养群众集体行动的能力。三是理论见之于实践的动力。共产主义的实现要依靠基于草根层次上的集体行动的力量。共产主义理论只有见诸实践，才有实现的可能。

第三，"新共产主义"还为我们提供了多方面的启示。

随着金融危机和新社会运动的兴起，资本主义的矛盾和自我限制已经暴露出来。但在当代资本主义国家，资本主义的替代形式还没有出现，新共产主义的复兴正是这一困境的表现。"新共产主义"折射出资本主义的问题和矛盾，展示出资本主义必然被共产主义替代的历史命运。这些都会引发人们的进一步思考。

"新共产主义"在马克思主义的不同传统中，甚至在左翼传统中都存在着激烈的争论，并未得到普遍的认同。这表明，关于人类社会未来的思考还需要随着新的实践的发展继续进行下去。另外，也只有在争论中，"新共产主义"

代表人物的观点才能不断得到传播和认可，"新共产主义"作为一个整体才能保持活力，并不断得到发展。

"新共产主义"的新思考和新观念也提示我们，要根据当代社会的实际情况和实际问题，不断发展马克思主义理论，用发展的马克思主义理论来指导实践。同时也警示我们，不管情况发生多大的变化，必须坚持马克思主义理论。实现共产主义，必须坚持马克思的共产主义理论，因为只有马克思的共产主义才是人们通向未来的现实之路。

当然，任何观念和思想都是在一定社会历史条件下产生的，任何理论都不能完全摆脱历史与现实的局限性。"新共产主义"由于受到主客观条件的限制，也具有一定的局限性，其局限性主要表现在以下几个方面。

第一，从整体上看，与西方马克思主义流派不同，"新共产主义"并不是一个真正意义上的学派。在西方主流媒体中，关于"新共产主义"的这些讨论很容易被反驳或干脆被丢在一边，西方主流媒体寻求与消灭现存状况的现实运动的极端主义保持一定距离。"新共产主义"不仅面临外患，也存在内忧。"这一波以'共产主义观念'为主旨的新共产主义思潮并没有达成统一的认识，一些不同的声音自始至终都存在着。"❶"新共产主义"代表人物的理论观点差异较大，对于"新共产主义"这一研究主题，有的观点接近，确实存在研究的契合点，主要表现为研究主题、对资本主义的批判、对资本主义替代物的设想等几个方面，但是同中有异。有的还意见相左，甚至一部分学者仅仅在"新共产主义"这一研究主题上有契合点。比如，阿尔都塞和他的追随者早年被法国哲学家雅克·朗西埃指责为"独裁主义者"或"思辨的左派主义"；朗西埃，反过来又被他的老同学阿兰·巴迪欧指责为激进的"反政治主义"。齐泽克也指责前阿尔都塞学派（ex - Althusserians）的巴迪欧、朗西埃和法国著名理论家艾蒂安·巴里巴尔的梦想是典型的左派思潮，是一种"纯粹的政治"

---

❶ 范春燕：《一种新的共产主义？——当代西方左翼学者论"共产主义观念"》，《马克思主义研究》，2014 年第 5 期。

形式。❶ "新共产主义"的这些内部争论引发了内部矛盾。

　　第二，对于共产主义本质和内涵的探讨，对于如何实现共产主义，"新共产主义"的主将们由于受到认识能力特别是现有实践条件的限制，无力给人指出一条通向共产主义的现实之路。这种倾向产生了消极的后果，正如丹尼尔·本赛德指出的："共产主义一词及其观念不能脱离所从属的时间框架与历史试验，将其从批判的历史的详细目录中脱离出来的企图只会让共产主义观念降低为一种不受时间影响的'不变量'，让其等同于正义或解放这样的不确定的观念，而不是等同于资本主义统治时代解放的具体形式。因此，共产主义就会丧失在伦理或哲学的拓展中获得的政治上的准确性。"❷

　　他们对资本主义的批判和反思停留在理论诉求层面，缺少理论建构，更缺少理论诉诸实践的思考，较少思考共产主义观念在实践中的可能性和现实性问题。他们把问题提出来了，可是怎么实现，又缺少下文。与巴迪欧的共产主义假设、波斯蒂尔的共产主义现实性相比，共产主义视域更注重对共产主义实践性的思考。但另一方面，共产主义视域的理论也存在不足。狄恩认为，共产主义视域表明的是共产主义实现的可能性，但她并没有指出共产主义实现的必然性。在认识事物的发展过程时，只有运用唯物辩证法，把事物发展的可能性和必然性有机地结合起来，才能使人们对事物的未来发展充满信心。但狄恩认为，共产主义视域不是目标，而是条件。共产主义是人类最崇高的社会理想，是我们的长远奋斗目标。共产主义作为社会理想，一定能够实现。共产主义的实现，既有历史必然性，又有长期性。狄恩认识到了共产主义的长期性，但又模糊了共产主义的历史必然性，因而是不可取的。正如范春燕指出的："当共产主义观念被赋予了一种改变世界的绝对和永恒的能力的同时，共产主义实践也失去了和个体、世界、历史相连接的管道。""在最好的情况下，这种新共产主义也只是具有乔蒂·狄恩所说的一种'地平线'的意义，也就是说，这

---

❶　Bruno Bosteels，"The Leftist Hypothesis：Communism in the Age of Terror"，in *The Idea of Communism*，Costas Douzinas & Slavoj Žižek，London and New York：Verso，2010，p. 36.

❷　转引自 Bruno Bosteels，*The Actuality of Communism*，London and New York：Verso，2011，pp. 7 - 8.

种共产主义总是位于我们永远无法到达的远方。"❶ 虽然"新共产主义"把资本主义的替代物问题提上了议事日程，但大多过于抽象，不能满足当前群众反资本主义斗争的现实需要。

第三，"这些左翼学者也大都不是严格意义上的马克思主义者，但他们的理论基础和研究路径或多或少都和马克思主义有交集，他们也没有完全脱离马克思主义的话语体系。因此，从另一个角度来看，他们总是试图'盘活'经典马克思主义的一些基本概念并将其应用到当前的批判和建构中去"❷。部分学者认为需要回到马克思，如意大利马克思主义者托尼·奈格里就曾提问道："一个人能成为不要马克思的共产主义者吗？"❸ 托尼·奈格里写道："在这些地方共产主义需要马克思：把自身设定于共同性之中，设定于本体论之中。反之亦然：没有历史本体，没有共产主义。"❹ 从马克思主义的立场看，"新共产主义"中存在坚持马克思主义的观点和不成熟的马克思主义观点。坚持马克思主义的观点，如美国学者阿德里安·约翰斯顿在《从科学社会主义到社会主义科学——过去和现在的自然辩证法》中指出："基于我的这一理解，我坚决反对卢卡奇、阿尔都塞等人提出的替代品，相反，我转而选择恩格斯和列宁的立场。具体而言，我是一个马克思主义者，赞成唯物辩证法。"❺

此外，部分参与讨论的学者对"新共产主义"主题缺少持续关注的热情和理论研究的力度、深度。有的学者只是在国际研讨会上关注过"新共产主义"，会后研究兴趣又发生了转向。有的学者只是在个别场合简单提起，并没有展开深入研究。参加 2009 年伦敦会议的有一千多人，到现在为止，持续关注"新共产主义"且仍然在知识界比较活跃的学者只有几十人。

❶ 范春燕：《一种新的共产主义？——当代西方左翼学者论"共产主义观念"》，《马克思主义研究》，2014 年第 5 期。

❷ 范春燕：《一种新的共产主义？——当代西方左翼学者论"共产主义观念"》，《马克思主义研究》，2014 年第 5 期。

❸ 转引自 Bruno Bosteels, *The Actuality of Communism*, London and New York：Verso, 2011, p. 10.

❹ 转引自 Bruno Bosteels, *The Actuality of Communism*, London and New York：Verso, 2011, pp. 40 – 41.

❺ Adrian Johnston, "From Scientific Socialism to Socialist Science：Naturdialektik Then and Now", in *The Idea of Communism* 2, Slavoj Žižek, London and New York：Verso, 2013, p. 104.

关于共产主义，在笔者看来，从历史趋势看，私有制、阶级和阶级斗争终将归于消亡。因此，长远来说，任何阶级都是历史性的。取代阶级的将是什么呢？共产主义在自己的发展进程中要同传统的观念实行最彻底的决裂。同传统的所有制关系相关联的传统观念，是私有观念即奴隶主、封建主、资产阶级的私有观念。与传统的私有观念不同的新观念，是公有观念即公共性观念。公共比公有意义更广泛，公有性是公共性的内涵之一。公有是公共性观念的一种形式，公共性观念更宽泛。社会主义、共产主义的实现伴随公共性的培育，社会自身的成长过程就是公共性的增长过程。共产主义革命实质上是由阶级性的社会向公共性的社会的转变。在共产主义社会中，生产资料是公共的，社会权力是公共的，社会服务是公共的，生态环境也是公共的。人们生活在一个公共的社会中，以公共精神和公共意识参与公共事务和公共活动，维护全体社会成员的公共利益。社会的公共性是个人的主体性的保障，每个人的自由发展是一切人的自由发展的条件。这种公共性的社会虽然距现在还很遥远，但它必然是未来社会发展的方向。《共产党宣言》预见了这种历史发展的必然趋势，因而在根本上是正确的。

今天，我们能在多大程度上说，共产主义是一种现实、一种现实运动呢？只有积极地超越现存资本主义，展望并创造未来社会，才能赋予共产主义以改造世界的现实力量。虽然"新共产主义"者关于共产主义的方案还不能令人满意，但他们在世界共产主义运动整体处于低谷时重提这一话题，本身就具有重要的意义。

参考文献

（一）经典著作

［1］马克思，恩格斯. 马克思恩格斯选集：第 1 卷［M］. 北京：人民出版社，2012.

［2］马克思，恩格斯. 马克思恩格斯选集：第 2 卷［M］. 北京：人民出版社，2012.

［3］马克思，恩格斯. 马克思恩格斯选集：第 3 卷［M］. 北京：人民出版社，2012.

［4］马克思，恩格斯. 马克思恩格斯全集：第 47 卷［M］. 北京：人民出版社，2004.

［5］马克思，恩格斯. 马克思恩格斯全集：第 10 卷［M］. 北京：人民出版社，2009.

［6］列宁. 列宁选集：第 4 卷［M］. 北京：人民出版社，2012.

［7］毛泽东. 毛泽东选集：第 1 卷［M］. 北京：人民出版社，1991.

（二）学术著作

［1］庄福龄. 马克思主义史：第 1—4 卷［M］. 北京：人民出版社，1996.

［2］庄福龄，徐琳. 马克思主义哲学史辞典［M］. 北京：北京出版社，1992.

［3］黄楠森，庄福龄，林利. 马克思主义哲学史：第 1—8 卷［M］. 北京：北京出版社，1996.

［4］黄继锋. 东欧新马克思主义［M］. 北京：中央编译出版社，2002.

［5］黄继锋. 阿尔都塞与马克思［M］. 合肥：安徽人民出版社，2003.

［6］当代国外马克思主义评论：8［M］. 北京：人民出版社，2010.

［7］当代国外马克思主义评论：11［M］. 北京：人民出版社，2013.

［8］当代国外马克思主义评论：12［M］. 北京：人民出版社，2015.

［9］国外马克思主义研究报告：2013［M］. 北京：人民出版社，2013.

［10］国外马克思主义研究报告：2014［M］．北京：人民出版社，2015．

［11］李周．法国共产党的"新共产主义"理论与实践［M］．北京：中国社会科学出版
社，2006．

［12］马克思主义研究报告：2014—2015［M］．北京：人民出版社，2015．

［13］韩振江．齐泽克：新马克思主义批判哲学［M］．北京：人民出版社，2014．

［14］西姆．超越哲学同质性神话：马克思哲学革命的当代解读［M］．吕增奎，陈红，译．
南京：江苏人民出版社，2011．

［15］凯尔纳，贝斯特．后现代理论：批判性的质疑［M］．张志斌，译．北京：中央编译
出版社，2011．

［16］贝尔．资本主义文化矛盾［M］．严蓓雯，译．南京：江苏人民出版社，2007．

［17］糜海波．国外马克思主义的"新阶级理论"研究［M］．南京：南京大学出版
社，2013．

［18］李慎明．世界社会主义跟踪研究报告（2012—2013）：且听低谷新潮声（之九）（上）
［M］．北京：社会科学文献出版社，2013．

［19］李慎明．世界社会主义跟踪研究报告（2012—2013）：且听低谷新潮声（之九）（下）
［M］．北京：社会科学文献出版社，2013．

［20］衣俊卿．20世纪新马克思主义：修订版［M］．北京：中央编译出版社，2012．

［21］郗戈．现代性的矛盾与超越：马克思现代性思想与当代社会发展［M］．北京：中国
人民大学出版社，2014．

［22］DOUZINAS，ŽIŽEK. The idea of communism［C］．London and New York：Verso，2010．

［23］ŽIŽEK. The idea of communism 2［C］．London and New York：Verso，2013．

［24］BOSTEELS. The actuality of communism［M］．London and New York：Verso，2011．

［25］BADIOU. The communist hypothesis［M］．London and New York：Verso，2010．

［26］DEAN. The communist horizon［M］．London and New York：Verso，2012．

［27］BADIOU & ENGELMANN. Philosophy and the idea of communism：Alain Badiou in conver-
sation with Peter Engelmann［M］．Cambridge：Polity Press，2015．

［28］HARVEY. Seventeen contradictions and the end of capitalism［M］．Oxford：Oxford Uni-
versity Press，2014．

［29］DIENST. The bonds of debt：borrowing against the common good［M］．London and New

York：Verso，2011.

[30] HARDT, NEGRI. Empire [M]. Cambridge, Mass. ：Harvard University Press, 2000.

[31] HARDT, NEGRI. Declaration [M]. Allen, Tex. ：Argo – Navis, 2012.

[32] HARDT, NEGRI. Multitude：War and democracy in the age of empire [M]. New York：Penguin, 2004.

[33] DEAN, PASSAVANT. Empire's new clothes：reading Hardt and Negri [M]. London and New York：Routledge, 2004.

[34] MARCUSE. One – dimensional man：studies in the ideology of advanced industrial society [M]. London：Routledge, 1991.

[35] MARCUSE. An essay on liberation [M]. Boston：Beacon Press, 1969.

[36] FEENBERG. Questioning technology [M]. London：Routledge, 1999.

[37] FEENBERG. Transforming technology：a critical theory revisited [M]. Oxford：Oxford University Press, 2002.

[38] FEENBERG. Replies to critics：an autobiographical note, in democratizing technology：Andrew Feenberg's critical theory of technology [M]. Albany：SUNY Press, 2006.

[39] BADIOU. Infinite thought：truth and the return to philosophy [M]. London：Continuum, 2003.

[40] BADIOU. Metapolitics [M]. London：Verso, 2005.

[41] ŽIŽEK. In defense of lost causes [M]. London：Verso, 2008.

[42] BOSTEELS. Badiou and politics [M]. Durham：Duke University Press, 2011.

[43] ŽIŽEK. The ticklish subject [M]. London：Verso, 1999.

[44] GUATTARI, NEGRI. Postscript [M]. New York：Autonomedia, 1990.

[45] ŽIŽEK. First as tragedy, then as farce [M]. London and New York：Verso, 2009.

[46] APOSTOLIDIS. Breaks in the chain：what immigrant workers can teach America about democracy [M]. Minneapolis：The University of Minnesota Press, 2010.

（三）论文

[1] 黄继锋. 当今西方主要左翼思潮概览 [J]. 理论视野, 2009 (8).

[2] 梁树发. 关于马克思主义发展史研究的几个方法问题 [J]. 马克思主义研究, 2012 (12).

［3］ 范春燕. 一种新的共产主义?：当代西方左翼学者论"共产主义观念"［J］. 马克思主义研究，2014（5）.

［4］ 蓝江. 新共产主义之势：简论乔蒂·狄恩的《共产主义地平线》［J］. 教学与研究，2013（9）.

［5］ 约翰逊. 新共产主义：复苏乌托邦幻想［J］. 张大卫，译. 文化纵横，2012（4）.

［6］ 吴冠军. 要么新共产主义，要么贝卢斯科尼：齐泽克的"第十一论纲"［J］. 马克思主义与现实，2011（5）.

［7］ 塞维罗. 共产主义的春天到来了吗?：伦敦大学"论共产主义观念"国际研讨会评述［J］. 于琦，译. 马克思主义与现实，2010（2）.

［8］ 蓝江. 三种马克思与共产主义：浅论巴迪欧《哲学与共产主义的观念》对马克思思想的解读［J］. 常熟理工学院学报：哲学社会科学版，2015（5）.

［9］ 林哲元. 从当代资本主义的四种对抗到新无产阶级：论齐泽克的革命主体论［J］. 国外理论动态，2017（7）.

［10］ 哈特. 资本正在生产自己的掘墓人：共产主义的新契机［N］. 何卫华，编译. 中国社会科学报，2011 - 5 - 24（190）：13.

［11］ 汪行福. 危机、反抗与乌托邦［N］. 社会科学报，2011 - 10 - 13：3.

［12］ WALKER. The dignity of communism：Badiou's communist hypothesis［J］. Socialism and democracy，2011，25（3）：130 - 139.

［13］ DEAN. The current situation and our tasks：Bosteels' the actuality of communismc［J］. Theory & Event，2011，14（4）.

［14］ DEAN. The party and communist solidarity［J］. Rethinking Marxism，2015，27（3）.

［15］ RAMSEY. Citing the red horizon：assuming the communist condition［J］. Socialism and Democracy，2013，27（2）：1 - 22.

［16］ HOHOS. The issue of communism：a blind alley or a new dawn?［J］. International Critical Thought，2012，2（1）：42 - 49.

［17］ SWYNGEDOUW. The communist hypothesis and revolutionary capitalisms：exploring the idea of communist geographies for the twenty - first century［J］. Antipode，2010，41（S1）：298 - 319.

［18］ Editors' introduction［J］. Rethinking Marxism，2015，27（3）：323 - 330.

[19] MACDONALD. The Communist Horizon [J]. New Political Science, 2013, 35 (2): 319 – 322.

[20] BADIOU. The communist hypothesis [J]. New Left Review, Vol. 49, JAN/FEB 2008.

[21] RAMSEY. Division and desire: Jodi Dean discusses the communist horizon [J]. Socialism and Democracy, 2013, 27 (2): 23 – 41.

[22] HARDT. Some of the most inspiring social struggles of 2011 have placed democracy at the top of the agenda [J]. Adbusters, No. 99, Jan/Feb 2012.

[23] ŽIŽEK. The revolt of the salaried bourgeoisie: the new proletariat [J]. London Review of Books, 34 (2), 26 January 2012.

[24] GREAVES. The rethinking of technology in class struggle: communicative affirmation and foreclosure politics [J]. Rethinking Marxism, 2015, 27 (2): 195 – 211.

[25] DEAN. Red, black, and green [J]. Rethinking Marxism, 2015, 27 (3): 396 – 404.

[26] DEAN. The party and communist solidarity [J]. Rethinking Marxism, 2015, 27 (3): 332 – 342.

[27] BROWN. Resisting left melancholy [J]. Boundary 2, 1999, 26 (3): 19 – 27.

[28] DOLAR. Freud and the political [J]. Theory and Event, 2009, 12 (3).

后　记

　　当代资本主义经济、政治都发生了新变化，正视这些新变化，深刻分析这些变化的实质，对于我们正确认识资本主义的本质，把握资本主义发展的趋势，具有重要的意义。从人类社会发展的长河看，资本主义终究要被社会主义、共产主义所取代，这是历史发展的基本趋势。实现共产主义是人类历史发展的必然趋势，是马克思主义最崇高的社会理想。我注意到，国外马克思主义对当代资本主义进行了批判分析，认为应该用共产主义替代资本主义，提出了一些理论观点。本书就是对国外马克思主义理论观点的批判分析。

　　这是我的第一本专著，书稿的大部分内容是博士论文的研究成果。在写作过程中，翻译了大量外文资料，付出了辛苦劳动。回顾既往，有很多感谢的话想说。

　　首先感谢导师黄继锋教授。黄老师治学严谨，胸怀宽广，待人宽容平和。从博士入学前开始，就指导我阅读相关书目，做好知识积累。入学后，黄老师精心授课，给了我很多启发和教益。从博士论文选题到最后定稿，黄老师多次认真把关，付出了大量心血。我的点滴进步离不开黄老师的悉心教导和指点。黄老师的高尚人格更是常常感动和影响着我。

　　感谢梁树发教授和郑吉伟教授对我学术的指点和生活的关心。梁老师儒雅睿智，学识渊博，在我遇到困难时给了我很大的帮助、支持和鼓励。郑老师朴实真诚、关心学生，老师的关心让我觉得心里很温暖。感谢曲跃厚教授，对书稿的修改提出了很多宝贵意见。曲老师严谨的治学态度值得我好好学习。老师们的指导，帮助我明确了学术研究的方向和思路，坚定了进一步研究的信心。

感谢同学们、同事们、朋友们的关心和鼓励。同时感谢知识产权出版社国晓健编辑为本书的出版所付出的辛勤劳动。

感谢公公婆婆，虽已年迈，但常常奔波劳累，帮我照看孩子。他们默默付出，给了我最大的理解和支持。感谢我爱人的大力支持，他帮我翻译了外文资料，付出了很多心血，还经常和我讨论研究思路，给我提了很多有益的建议。感谢儿子的支持，他年纪虽小，却很懂事。他正快乐唱歌，看到我在写论文，"忽然闭口立"。他感冒发烧，脸红得像苹果，还不忘提醒我要有志向。他经常跑过来，点开字数统计，查看我写了多少字。生活有苦有甜，有困难，也有温暖。心中点亮一盏灯，既能温暖自己，也能照亮四方。

书稿虽已完成，但我心中诚惶诚恐。由于本人学识和水平有限，疏漏之处还请学界同人批评指正！

谭桂娟

2020 年 11 月 28 日于太原